高校图书馆管理与
阅读推广实践研究

郭春花 著

汕头大学出版社

图书在版编目（CIP）数据

高校图书馆管理与阅读推广实践研究 / 郭春花著
．－－ 汕头：汕头大学出版社，2022.12
 ISBN 978-7-5658-4866-7

Ⅰ．①高… Ⅱ．①郭… Ⅲ．①院校图书馆－图书馆工作－研究－中国②院校图书馆－读书活动－研究－中国
Ⅳ．①G259.256②G252.17

中国版本图书馆CIP数据核字(2022)第216742号

高校图书馆管理与阅读推广实践研究
GAOXIAO TUSHUGUAN GUANLI YU YUEDU TUIGUANG SHIJIAN YANJIU

作　　者：	郭春花
责任编辑：	黄洁玲
责任技编：	黄东生
封面设计：	皓　月
出版发行：	汕头大学出版社
	广东省汕头市大学路243号汕头大学校园内　邮政编码：515063
电　　话：	0754-82904613
印　　刷：	廊坊市海涛印刷有限公司
开　　本：	710mm×1000mm 1/16
印　　张：	12.5
字　　数：	203千字
版　　次：	2022年12月第1版
印　　次：	2023年3月第1次印刷
定　　价：	58.00元

ISBN 978-7-5658-4866-7

版权所有，翻版必究

如发现印装质量问题，请与承印厂联系退换

前言

高校图书馆作为我国文化建设发展的组成部分，其管理水平的高低对国家文化建设工作开展有着一定的影响。通过科学有效的管理，可以更好地发挥高校图书馆的职能，促进文化建设与发展。

众所周知，阅读是人类进步的阶梯，是人类文明传承的重要方式。国民阅读水平的高低，直接反映着国民素质的高低，也直接影响着国家和民族的综合实力。推广全民阅读是一项系统工程，需要社会各界全力、持续、用心地组织开展形式多样、内容丰富、卓有成效的阅读推广活动。高校图书馆拥有独特的人才、资源和设施优势，面对思想活跃、阅读素养高、个性化需求大的师生读者，图书馆有责任发挥自身优势，通过开展阅读推广活动来满足读者的阅读需求，以充分发挥学校文献信息中心的功能，营造浓郁的阅读氛围，构建书香校园。

这是一本关于高校图书馆管理与阅读推广实践研究的学术专著。本书第一部分（第一至三章）以高校图书馆管理的含义、特征、范畴、职能及相关原理为出发点，重点阐述高校图书馆学术期刊管理和人力资源管理。第二部分（第四至六章）在实践的基础上，全面梳理高校图书馆阅读推广及其重要性，通过总结和分析高校图书馆阅读推广未来发展趋势提出具体工作策略，提出希望愿景。

全书坚持理论联系实际，以实践为中心，旨在为高校图书馆及同人们组织开展校内外阅读推广工作抛砖引玉，为全民阅读工程建设添砖加瓦。

笔者在撰写本书的过程中，得到了许多专家学者的帮助和指导，在此表示诚挚的谢意。由于笔者水平有限，加之时间仓促，书中所涉及的内容难免有疏漏之处，希望各位读者多提宝贵意见，以便笔者进一步修改，使之更加完善。

目录 CONTENTS

第一章 高校图书馆管理基础与方式创新 001
第一节 高校图书馆管理的含义及特征 001
第二节 高校图书馆管理的范畴及职能 005
第三节 高校图书馆管理的原理阐释 017
第四节 高校图书馆管理的方式创新 025

第二章 高校图书馆学术期刊管理探析 032
第一节 高校图书馆学术期刊管理的范畴 032
第二节 高校图书馆学术期刊资源的管理 050
第三节 高校图书馆学术期刊业务的管理 067
第四节 高校图书馆学术期刊评价的管理 084

第三章 高校图书馆人力资源管理研究 101
第一节 高校图书馆人力资源管理的必要性 101
第二节 高校图书馆人力资源管理的意义体现 105
第三节 高校图书馆人力资源管理的基本原则 109
第四节 高校图书馆人力资源管理的有效途径 117

第四章 高校图书馆阅读推广及其重要性 139
第一节 大学生阅读素养的培养 139
第二节 高校图书馆阅读推广的理论透视 146
第三节 高校图书馆阅读推广的要素 155

第四节　高校图书馆阅读推广的重要性 …………………………… 160

第五章　高校图书馆阅读推广活动策略探讨 ………………………… 164
　　第一节　高校图书馆阅读推广的一般方法 ………………………… 164
　　第二节　高校图书馆阅读推广活动品牌化 ………………………… 167
　　第三节　高校图书馆网络交互平台的推广 ………………………… 169
　　第四节　高校图书馆阅读推广评价体系构建 ……………………… 171

第六章　高校图书馆阅读推广的发展形态探索 ………………………… 173
　　第一节　高校图书馆新媒体阅读推广 ……………………………… 173
　　第二节　高校图书馆有声读物阅读推广 …………………………… 176
　　第三节　高校图书馆个体阅读推广活动 …………………………… 181
　　第四节　高校图书馆阅读推广口碑营销策略 ……………………… 186

参考文献 ………………………………………………………………… 192

第一章 高校图书馆管理基础与方式创新

第一节 高校图书馆管理的含义及特征

一、高校图书馆管理的含义

高校图书馆管理作为一项社会实践，可以说它的历史同高校图书馆一样悠久，是与高校图书馆同时产生、同步发展的。

高校图书馆管理的发展大体上经历了两个阶段：传统的经验管理和现代的科学管理。传统的经验管理是多年来高校图书馆管理一直推行的管理方式，它以直觉和经验为基本特征，管理思想保守、管理手段陈旧、管理方法落后。这种管理已越来越不能满足当今高校图书馆日益发展的客观需要。因此，从传统的经验管理转变为现代的科学管理势在必行。现代的科学管理，指的是运用现代科学的原则、理论和方法把高校图书馆作为一个系统进行管理。这种管理充分地吸收了管理学、心理学、统计学、教育学、经济学和社会学等众多学科成就，从中获得理论与方法上的指导，把高校图书馆作为一个内部相互联系、内外相互作用的开放系统来考察、研究和管理，从而获得高校图书馆管理的最佳效果。

具体地说，所谓高校图书馆管理，就是运用现代科学的理论和方法，遵循高校图书馆工作的客观规律，通过决策、计划、组织和控制等手段，合理地组织并最大限度地发挥全馆人、财、物等各种资源的作用，卓有成效地为学校的教学和科研服务的全部活动及全过程。运用现代科学的理论和方法不仅是现代高校图书馆管理的重要标志，也是现代高校图书馆管理的时代特征，更是管理工作科学化的基本要求。遵循高校图书馆工作的客观规律，这是由高校图书馆管理的特殊性所决定的。高校图书馆具有区别于其他类型图书馆的固有规律，因此要对高校图书馆实行科学管理，就不能不遵循这些规律。无视这些规律，不但无科学性而言，而且必将受到惩罚。决策、计划、组织和控制是高校图书馆管理的基本手段，一切管理活动都离不开这些基本手段。管理是具有其目的性的，合理地组织并最大限度地发挥全馆人、财、物等各种资源的作用是管理的最直接目的，而管理的最终目的则是卓有成效地为学校的教学和科研服务。

高校图书馆是学校的文献信息中心，在高等学校的教学科研中起到举足轻重的作用，甚至会影响高等学校的社会地位。因此，许多国家对高校图书馆都十分重视，称之为皇冠上的明珠、大学的心脏、太上研究院等，它与师资、实验室并称为现代大学的三大支柱。高校图书馆能否起到应有的作用，虽然受到人、财、物等多种因素的影响，但其中最主要、最关键的因素仍是管理。管理水平的高低直接影响高校图书馆发挥的作用的大小，可以说有什么样的管理就会有什么样的高校图书馆。良好的管理不仅能够把组成高校图书馆的基本要素有机地组织起来，构成一个目标一致的整体，高质量、高效率地实现既定目标，还可以在不需增加投资、人力、物力的条件下，充分地挖掘高校图书馆现有各种资源的潜力，最大限度地发挥其作用，达到与增加投资、人力和物力相同甚至更好的管理效果。因此，加强管理、改善管理既是客观要求，也是当务之急。

二、高校图书馆管理的特征

作为一种特殊的社会实践活动，高校图书馆管理具有一般社会实践所共有的客观性、能动性和社会历史性等特性，不过这些特性在高校图书馆管理中有其具体的表现形式。整个实践的特性对于不同的实践活动来说是一种共性的东西，而具有这种共性的各种实践活动又表现出不同的特性。高校图书馆管理具有以下几个主要特征。

（一）综合性

高校图书馆管理的综合性体现在它所涉及的领域包括人力资源、文献信息资源、财力资源、物质资源等各个层面，而且随着资源形式的变化其内容也有所改变。人力资源包括人才规划、招聘、甄选、培训、绩效管理等环节。文献信息资源的选择、引进、供给则需要文献信息规律研究作支撑，结合高校图书馆服务对象和文献信息资源出版情况做出决策。财力资源包括经费获得、经费安排等，是关系到高校图书馆正常运转和提高工作效率的重要保障。物质资源涉及高校图书馆建筑、设备等实物资源，是高校图书馆存在的建筑环境和技术环境要素。

传统的高校图书馆管理没有注意到管理的综合性，把精力集中在业务管理活动，忽视了财力资源获取和人力资源建设等方面的研究，导致高校图书馆很难获得用户、领导、馆员的满意，这也是高校图书馆社会地位远低于其应有的社会地位的主要原因之一。信息技术的发展使高校图书馆的形态发生了根本变化，在传统的纸质高校图书馆基础上，出现了电子高校图书馆、数字高校图书馆、网络高校图书馆。这些新形式的高校图书馆，需要各方面资源的配合，使高校图书馆的管理更具综合性。

（二）理论性

任何一门管理学科都不可能脱离理论的支持而获得发展，高校图书馆管理也不例外。高校图书馆管理不仅从图书馆学研究发展中汲取营养，更多的是作为组织结构从企业管理、公共管理等领域获得新的理论支持。理论性是高校图书馆管理的一个重要特征，在传统的高校图书馆管理实践中，轻视理论是高校图书馆管理界的通病。轻视理论，不学习、不研究、不借鉴，其直接后果是管理者目光狭窄、观念落后、管理水平普遍低下。一种实践活动，如果没有先进的理论做指导，其结果必然是不好的。因此，高校图书馆管理作为一门学科，就必须有针对性地研究管理学的最新成果，吸收实践中获得的管理方法，构建高校图书馆管理学独特的理论体系。

（三）实践性

管理理论的思想起源于长期的实践活动，从泰勒（Taylor）的科学管理、法约尔（Fayol）的一般行政管理到现代的其他管理理论无不是生产实践的结果，可以说实践既是验证理论正确性的方法，也是产生管理学思想的重要途径。高校图书馆管理是高校图书馆事业发展进程中产生的事物。中国高校图书馆事业经历了从无到有、从小到大的发展历程，不同时期的高校图书馆事业有着鲜明的时代特征。古代与高校图书馆相关的工作主要是图书的整理和加工，如汉成帝时刘向、刘歆父子的校书活动，最终生成了中国历史上第一部综合性的分类目录书——《别录》[①]和第一部馆修目录、第一部目录学著作——《七略》[②]，这种单一的工作不可能出现高校图书馆综合管理的问题。随着高校图书馆的出现、壮大，发展到今天，上百员工、过千万元经费的高校图书馆比比皆是。高校图书馆管理也在管理活动不断发展的过程中形成了自己的学科体系，并进一步指导高校图书馆管理实践。

（四）科学性

高校图书馆管理的科学性首先表现在它极大地推动和促进了高校图书馆工作的开展和管理实践的发展。从高校图书馆的发展历程和当代高校图书馆的工作实践中可以看出高校图书馆的工作是有规律的。高校图书馆工作的内在需求需要管理的发展，管理的发展也推动了高校图书馆工作的进步，这说明高校图书馆管理具有科学性。其次，高校图书馆管理能够应用科学知识的领域。比如，读者行为、员工绩效研究涉及心理学知识，高校图书馆自动化系统管理是建立在计算机科学基础上的。最后，高校图书馆管理内容可成为新的科学知识体系。

（五）前沿性

高校图书馆管理要想发展，就必须紧紧关注、追踪现代管理理论的发展，并加以研究，看看还有什么新理论能够移植到现代高校图书馆管理之中，以切实提高当今高校图书馆的管理水平，如知识管理等。需要注意的是，这种关注、追踪、移植，如果仅仅限于名词，不仅无益，还容易搞乱思想，只有切实地深入其中，弄清弄懂，才能真正地提高高校图书馆的管理水平。

---

① 汉成帝时，刘向受命参与校理宫廷藏书，校完书后写一篇简明的内容提要，后汇编成《别录》。

② 《七略》是西汉刘歆汇录的中国第一部官修目录和第一部目录学著作。作品分为辑略、六艺略、诸子略、诗赋略、兵书略、数术略、方技略七部。

第二节 高校图书馆管理的范畴及职能

一、高校图书馆管理的范畴

每门学科都应有自身特有的一系列范畴[①]。范畴对于学科的发展具有重要意义，具体包括：①一门学科有没有自身的范畴是它能否存在的重要条件。若没有范畴，它既不可能被人们所认识，也不可能被社会所承认。②范畴的不断丰富，就意味着该学科的不断发展。丰富范畴的途径有改造原有的范畴，即丰富其内涵或深化其内容和提出或形成新的范畴。③范畴对于学科理论建设具有特殊的意义，因为理论观点要借助范畴来表达。④范畴提供学科的入门知识，对于学习者必不可少。从范畴入手，是学习专业知识的必由之路。⑤范畴是一种交流工具，在专业下，作者借助范畴进行交流有助于学科的发展。

高校图书馆管理的范畴是高校图书馆管理活动中各种要素、关系的普遍联系和全面发展的不同侧面的反映。高校图书馆系统内部充满着各种矛盾，高校图书馆管理范畴就是从不同角度反映高校图书馆系统中各种因素的既对立又统一的辩证关系，它们是高校图书馆管理的本质和运动规律的不同表现形式，也是各种管理要素和运动过程相互作用的交错点和"结合部"。这些范畴来源于高校图书馆管理实践，同时又是对管理科学各种普遍概念的综合和提升。它们随着高校图书馆管理实践的发展而发展，反过来又指导着人们的高校图书馆管理实践。

（一）高校图书馆管理中的主体与客体

管理主体是指具有一定管理能力、拥有相应的权威和责任、从事现实管理活动的人，也就是通常所说的管理者。

高校图书馆的管理主体通常由两个部分构成：一是根据高校图书馆既定目标，将目标任务分解为各类管理活动、工作任务和最终督促完成既定目标的人，

---

① 范畴是反映事物本质和普遍联系的基本概念，是人的思维对客观事物的普遍本质的概括和反映。

这类人通常是高校图书馆的核心人物，或者说是高校图书馆的高级领导人员，如馆长、副馆长等；二是具体执行计划、组织、协调、控制、经营等管理活动的人，这类人通常是高校图书馆的骨干人物，如各部门主任。现实的高校图书馆管理活动是一种多层次的综合活动，管理主体通常是由许多人按一定形式组织起来的整体，这种担负管理主体功能的整体就是管理主体系统。从管理主体的不同职能性质来说，管理主体系统是由处于不同职权地位、担任不同管理职能的人组合而成的。一般来说，高校图书馆管理主体系统由四个部分组成，或者说包括四个子系统，即决策系统、执行系统、监督系统和参谋系统。

管理客体是指进入了管理主体活动领域、并能接受管理主体的协调和组织作用、以人为中心的客观对象系统。这一规定概括地表明了管理客体的特性，即客观性、可控性、系统性和对象性。高校图书馆内的管理客体范围较大。首先，高校图书馆的一般成员均是管理的客体，他们执行组织分配的工作任务，遵照一定的运行规则进行工作，以求获得良好的工作成绩。其次，高校图书馆中的其他资源，如信息资源、物质资源、金融资源、关系资源等均是管理的客体，都是管理的收受者，它们在管理的作用下经过特定的技术转换过程就成为良好的产出物。再次，当高校图书馆向外扩展自己的生存空间时，必定要作用于相关的人、财、物、信息或其他组织，这些因素也就相应地成为本高校图书馆管理的客体，只是这类管理客体不是确定的，经常会变动。

管理主体与管理客体是组成高校图书馆系统实体结构的两极，它们之间的相互联系和相互作用构成了高校图书馆系统及其运动。这种联系和作用是通过管理组织这一形式而发生的。管理组织是高校图书馆系统的现实表现形式。管理主体与管理客体不仅通过组织的形式相互联系，还通过组织的形式相互转化。这种转化指的是管理主体与管理客体在管理活动中各依一定的条件，使自己的地位向其对立面转化。管理主体与管理客体在高校图书馆系统中的相互转化有不同的表现形式：一种是地位的转化，这是由高校图书馆职权层次的变化引起的；一种是角色的转化，这是由高校图书馆行为的变化引起的；一种是自身的转化，这是由组织成员自我意识的变化引起的。正确认识这种转化，对于理解高校图书馆系统的辩证性质有着重要意义。

（二）高校图书馆管理中的硬件与软件

一般来说，高校图书馆管理活动是由两类既相互对立又相互统一的因素所组成的：一类是活动的物质性载体，它具有一定的感性存在形式，具有稳定性、被动性的特点，称为"硬件"；另一类是使物质性载体能够按一定方式组合起来并产生现实活动的精神性因素，它往往不具有固定的感性存在形式，具有变动性、创造性、主动性等特点，称为"软件"。这里的硬件和软件都是泛指与高校图书馆管理活动有关的事物、过程、方法、成果等，具有普遍的意义。

硬件与软件的划分具有相对性和模糊性，只有把二者同时放在高校图书馆管理活动中进行比较，才具有较为确定的意义。在高校图书馆系统中，如果把馆舍、文献、信息技术设备等因素看作硬件，那么人的精神因素就是软件；在组织结构中，如果组成高校图书馆的个人是硬件，那么指导人的行为的价值观念、道德情操、理想信念等就是软件；在组织形式中，如果正式组织是硬件即"硬组织"，那么非正式组织就是软件即"软组织"；在管理技术中，如果把具有比较固定程序的数学分析方法和计算机技术方法称为硬件即"硬技术"，那么那些具有创造性、没有固定程序的其他管理技术就是软件即"软技术"；在管理模式中，把高校图书馆管理单纯看成一种科学，强调运用数学和逻辑方法及各种严格的制度和标准化原理来进行管理，这就是硬件即"硬管理"，而把管理看成一种艺术，强调对人的思想情感及各种非理性因素进行激励，运用非逻辑的创造性方法进行管理，这就是软件即"软管理"。

在高校图书馆管理活动中，硬件和软件相互依存、相互促进、共同作用，谁也离不开谁。一方面，硬件是软件的基础。任何管理都必须具有正式的和相对固定的组织形式，必须有明确的职务、权力和责任的划分，必须有严格的大家都要遵守的规章制度，必须运用各种物质手段来组织和协调人们的活动。高校图书馆系统也必须有稳定的输入和输出关系，既有一定的物质、能量和信息输入，又有一定的信息产品和信息服务输出。这些看得见、摸得着的有形事物是高校图书馆管理赖以存在和进行的物质基础，离开了这些硬件，软件就失去了自身依托的物质外壳，任何方法、手段、指令、程序等都无法发挥其功能，高校图书馆管理也就根本不可能存在。另一方面，软件是硬件的灵魂。任何管理如果只有硬件而没有相应的软件，那么硬件就只能是没有活力的"死东西"。一个高校图书馆系统，如果只有单纯的组织结构形式，只有规章制度，而组织成员缺乏共同的目标、愿望、动机等软件，那么这样的高校图书馆是无法进行有效的管理活动的。管理的核心因素是人，而人总是有着自己的需要和追求，有着自己的情感和意志，这些"软件"是高校图书馆的各种结构和形式等"硬件"的灵魂，它规定着硬件的组成形式，引导着硬件的发展方向。

在高校图书馆管理活动中，硬件和软件不仅相互依存，还可以相互转化。这种转化包括了硬件的软化和软件的硬化两个方面，它们是和高校图书馆管理过程紧密联系在一起的。

（三）高校图书馆管理中的利益与责任

利益是标志人的物质和精神需要能否得到满足及满足程度的范畴。人们有各种各样的需要，也就有各种各样的利益。人的需要有高低不同的层次，利益也有根本和非根本之别。责任是一种对自己采取的行为及行为的社会意义的自觉意识和实践。对于自己责任的自觉意识通常称为责任心或责任感。责任感一般通过激发和控制这两种方法将自己的行为确定在与自己的地位和职务相适应的范围内。激发行为是对应尽责任的鼓励，控制行为则是对超越责任的限制。

利益和责任在高校图书馆管理活动中是一对矛盾体，具体表现在以下方面。

首先，二者在方向上相互分离，有时甚至出现相互排斥的倾向。利益反映了整个高校图书馆、高校图书馆各部门、部门内各小组或馆员的需要，由外向内，具有收敛性；而责任则要求整个高校图书馆、高校图书馆各部门、部门内各小组或馆员付出（劳动、努力等），由内向外，具有发散性。

其次，利益和责任相互包含，表现了二者的一致性。任何利益中都包含着责任成分，没有责任的利益是根本无法满足的，也是不存在的；任何责任中也都包含着利益，责任中如果不包含一定的利益，所谓履行责任就没有了动力和基础。高校图书馆尽管是一个"清水衙门"和公益性的服务机构，但其中或多或少存在一定的利益。因此，高校图书馆管理活动不应该掩盖责任中存在利益的问题，而应该使馆内各组织和全体馆员认识到这一点，这有利于调动他们工作的积极性。

最后，利益和责任能够相互转化。利益在实现的过程中必然转化为责任，不尽责任，就没法取得利益；而责任在履行的过程中也必然转化为利益，这是尽责任应得的报酬。高校图书馆管理者在管理实践中的两个基本任务就是：一方面，将个人、小组、部门或整个高校图书馆的利益获得过程设计为履行各自职责的过程；另一方面，把履行职责的结果同个人、小组、部门或整个高校图书馆的利益结合起来。

（四）高校图书馆管理中的集权与分权

集权与分权是表征管理职权在管理空间中的分布状态和运动方向的范畴。集权既指管理活动中的集中统一指挥，又指权力向上层逐步收缩的过程。从职权在管理空间中分布的状态来说，集权意味着主要的管理职权（如决策权、人事权、财政权、奖惩权等）集中于高层领导，特别是最高领导，而中下层各级管理人员只有处理例行的日常事务和工作的权力，而且即使是这些权力的执行也必须处于上级的有效控制之中。从职权的运动方向来说，它意味着下级某些权力被缩小乃至取消，并向上级组织或专门机构集中，这种集权化的运动方向是由下向上逐步收敛的。

集权一般有两种途径：一是规定限制下级组织或专门组织裁决问题的范围的一般标准。即规定它们该管哪些事，不该管哪些事，哪些事可以自己做主，哪些事必须报上级批准。二是撤销下级组织或专门组织的实际决策职能来集中决策职能。这种方式在某些特殊情况下会采用。譬如，某高校图书馆的购书经费虽然很充足，但藏书结构多年来一直不合理，于是由馆长或一名副馆长亲自指挥采购部的工作。

分权就是分散权力，即上级部门将某些问题的决策权移交给下级部门。从职权在管理空间中分布的状态来说，就是中下层各级管理人员拥有某些问题的决策权，高层领导只保留重大问题的决策权和在政策、目标、任务方面的必要控制权。从职权运动的方向来说，它意味着下级部门自主性和独立性的加强，许多职权从上级向下级分散，这种分权化的趋势是自上而下逐步发散的。

在高校图书馆管理活动中，集权与分权是辩证统一的。首先，集权和分权各有利弊，因此必须互相补充。在高校图书馆管理过程中，要把握好集权和分权的度。过度集权，什么都管，不仅上级决策的正确性不能保证，还会扼杀下级工作的积极性和主动性；过度分权，什么事情都撒手不管，则可能使上级对下级失去控制。其次，集权与分权在一定条件下互相转化。这种转化一般有两种形式：一种是被动的转化，即在过度集权或过度分权的管理阻碍高校图书馆各项业务活动发展的情况下，由过度集权向分权或由过度分权向集权转化；另一种是主动的转化，即在问题出现之前就注意调整集权和分权的关系，在动态中把握二者变化的度，及时消除偶然出现的过度集权或分权现象。

（五）高校图书馆管理中的权威与服从

权威是指管理过程中使人信赖和服从的力量和威望。在高校图书馆管理过程中，权威是必要的。没有权威就不能有效地指挥和协调高校图书馆各项业务分工和协作中的复杂关系，高校图书馆管理活动就会陷入混乱。

服从是指管理过程中尊重并执行权威意见的行为。服从并不是盲从或屈从，人们在管理活动中只服从正确的意见，即服从真理，这是服从的实质。

在高校图书馆管理活动中，权威和服从的辩证关系表现在以下方面。

首先，二者相互依存。权威以服从为存在的前提。没有服从就没有所谓的权威，硬建立起来的权威也形同虚设。同样，服从又以权威为存在的前提。没有权威人们就不知道服从什么，权威如果不值得服从一方信赖，就会出现不服从。滥用权威造成的不是服从，而是屈从和盲从。不服从、盲从和屈从都不属于科学的服从范畴。

其次，权威和服从在一定条件下可以相互转化。权威代表被人服从的一方，但是权威只有在服从群众正确意见的时候才能被人们服从，只有在服从真理时才能获得权威。在上述两种情况下，权威都必然转化为服从。服从是权威的反面，但权威的正确意见正是来自服从一方，因为真理在群众手里，权威的行使也必须体现服从一方即群众的意志。在这两种情况下，服从一方都是权威一方的真正权威。

（六）高校图书馆管理中的有序与无序

有序和无序是标志组织协调程度的矛盾范畴。有序是指管理系统的各个要素之间相互联系、相互作用和相互转化中有规则的、有秩序的状态和运动趋势；无序是指这种联系、作用和转化中无规则、无秩序的状态和运动趋势。

高校图书馆系统中的有序和无序体现了管理组织的协调程度，这种协调程度是管理主体有意识的自觉活动的结果。高校图书馆系统的各种要素并不能自发地形成具有管理功能的组织。要形成组织，就必须通过自觉的组织活动，把各种相互之间无规则、无秩序的要素（主要是人）在一个统一目标、统一行为规范和统一的结构形式中组合起来，这种组合也就是把各个要素由无序状态转变为具有一定规则和秩序的有序状态。有序是高校图书馆系统的一个本质特征。高校图书馆就是通过设立共同目标来协调馆员各不相同的无秩序的目标；通过明确的责、权、利的规定来协调各个部门和馆员之间不确定的相互作用方式；通过规章制度来协调馆员无规则的行为；通过有效的管理工作来协调复杂多变的人际关系和不同的心理情感。这样，高校图书馆中各个部分就能够按照规范准则统一意志、按照共同目标统一方向、按照规章制度统一行动，整个高校图书馆呈现出有规则、有秩序的状态，这就是有序性。因此，高校图书馆就是通过有意识的主动管理行为，使无序的因素组织转变成有序的系统。在这个意义上说，高校图书馆管理就是通过协调来达到有序结构的实践活动。

然而，在各种组织结构中无序也总是存在的，任何高校图书馆中都存在着一种反抗协调而自发趋向无规则、无秩序状态的力量。高校图书馆中的这种无序一般有两种表现形式：一是受控的无序状态。在统一的高校图书馆系统中，每个人都扮演着不同的角色，有着自己的利益、目标和爱好，外部环境又总是给予一些随机性的干扰，这些因素是高校图书馆的协调活动不可能消除的。同时，高校图书馆中必然存在的分权和结构软化、简化运动，不可避免地增强了高校图书馆中各个部分和个人的自主性、独立性、竞争性的运动趋势。这样，有序的结构中就必然会产生对原来确定位置的无规则、无秩序的偏离，形成一种无序的涨落。这种涨落一般是在一定限度之内进行，有效的控制总是会把偏离度过大的因素重新拉回合理的范围之内，使它不至于形成失控状态。这种受控的无序状态是保持一个高校图书馆的活力所必需的，也是一个高校图书馆系统必然存在的，所以是一种良性的无序；二是失控的无序状态。如果高校图书馆自身的组织结构不合理，管理者决策或指挥失误，或者外界环境急剧恶化，对高校图书馆造成了巨大的冲击，都有可能使高校图书馆的协调和控制失效，原来的组织目标、规章制度和职权结构失去了对各个因素相互作用的制约力，高校图书馆中无规则、无秩序的运动趋势大大加强，再也无法把这种涨落控制在合理的范围内，这就是失控的无序状态。这种无序，轻则造成效率低下、管理混乱，高校图书馆目标难以实现，重则致使整个高校图书馆分崩离析，管理完全失败。这种失控的无序是一种恶性的无序，对高校图书馆有极大的危害性，所以必须极力防止。

高校图书馆系统中的有序和无序还体现管理运动程序化的程度，这种程序化是管理过程中各种机制和职能有机联系和转化的结果。一个相对完整的管理过程是以决策为中心，包含了计划、组织、领导、控制和评价等一系列阶段的职能和过程的统一体，这些职能和过程相互有机联系和转化，形成高校图书馆管理运动的一定程序。这个程序规定了高校图书馆系统在达到目标的过程中所应遵循的行为步骤和秩序，使管理运动的整个过程表现出一种在时间进程中的规则和秩序，这就是管理过程的有序化。一个有序的高校图书馆管理过程必然表现为各种管理活动井井有条。当上一阶段尚未完成，条件尚未具备时，不轻易进行下一阶段的工作；而当条件具备时，又不失时机地把管理过程推进到新的阶段，做到管理过程间断性与连续性的辩证统一。在每一阶段管理过程中善于抓住重点、顾及全面、突破难关，而当内外环境发生变化时，又能适时地转移工作的重心，整个管理过程主次适宜、轻重得当，有节奏、有规律地向前推进，做到管理过程起伏性和前进性的辩证统一。这就是高校图书馆管理运动的程序化。

然而，高校图书馆管理运动又具有非程序化的一面，即存在管理过程的无序。这种无序同样有两种情况：一种是由于外界环境和高校图书馆系统内部各种关系的随机变化，使原来固定的程序不得不被打破，出现错位、扰动甚至颠倒的情况。例如，在开始实施高校图书馆计划之后，发现计划与客观实际严重不符，或者客观情况已经发生了重大变化，这就必须停止原计划的执行，返回到修改或重新制定计划的阶段。这就要求保持管理过程的良性无序，这种无序即管理过程灵活性，是任何成功的高校图书馆管理运动必须具有的性质；另一种管理过程的无序就大不一样。这种无序的根源是高校图书馆管理者主观思维与客观实际发生严重背离，它表现为原来制定的程序本身严重失误，与实际情况的变化根本不相适应，或者是高校图书馆管理者在执行程序时掉以轻心、严重失职，完全不顾眼前现实的管理情境。这种无序造成整个管理程序完全被打乱，管理运动严重失控，管理过程处于一种被动应付、穷于招架、目标不清、方寸全乱的完全随机漂移的境地。这种管理过程的恶性无序只能导致高校图书馆管理的失败。

因此，从质的规定性来看，高校图书馆管理的有序和无序有两种形态：一种体现管理组织的协调程度，即组织结构的有序性；一种体现管理运动程序化程度，即管理过程的有序性。前者是空间结构规则性和秩序性的反映，后者是时间结构规则性和秩序性的反映。也可以说，有序和无序是高校图书馆系统在时空结构中的规则性和秩序性的综合反映。

（七）高校图书馆管理中的稳定与改革

稳定和改革是高校图书馆系统在其发展的过程中两种不同的状态和趋势。稳定是指高校图书馆系统在其发展过程中总体的状态和趋势保持不变，即处于相对静止的状况；改革是指高校图书馆系统在其发展过程中总体的状态和趋势发生重大变化，即处于显著变动的状况。

高校图书馆管理的一切要素、一切过程都具有稳定性，否则高校图书馆管理活动就无法正常进行，也无法对管理要素和过程进行研究。但是，高校图书馆管理活动的相对静止和相对稳定是有条件的、暂时的。首先，当我们说某些管理要素处于稳定状态时，只是相对于一定的管理系统、时间和地点而言。在某一特定的高校图书馆系统中，管理者和被管理者的划分是稳定的，但离开这个特定的系统进入其他管理系统，情况就会发生变化。其次，稳定包含管理活动中的质变。当高校图书馆管理过程的某一阶段、某一种管理模式或体制仍然保持着它们自身的性质，没有发生质变的情况下，我们就认为它们是相对稳定的。但与此同时，它们在性质不变的情况下还发生着其他变化。例如，计划过程在没有向组织过程发生飞跃前，内部发生着由初选目标向预测、预算、决定方案的质变，这并没有改变计划过程的性质，我们就说它是稳定的。某一管理模式中的内部矛盾还未尖锐到戳毁这种体制的外壳时，我们就说这种管理模式是相对稳定的。

改革是高校图书馆管理活动中的质变，确切地说是指一种管理模式或管理体制向另一种管理模式或管理体制的飞跃。改革是由高校图书馆系统内在矛盾推动的自我发展和自我否定。一方面，它是旧的管理模式向新的管理模式的质变，是旧管理过程连续性的中断，体现了高校图书馆管理活动发展的阶段性。另一方面，它继续保留并改造了旧的管理活动的积极成果，作为新管理过程存在和发展的基础，把新旧管理过程联系起来，体现了高校图书馆管理过程发展的连续性。

高校图书馆管理中的稳定和改革是辩证统一的。首先，稳定和改革相互包含、相互渗透。在高校图书馆管理模式的全面质变发生之前，高校图书馆管理活动虽然处于相对稳定状态，但局部的改革总是不断的。任何一个具体的高校图书馆管理过程中都有改革。例如，控制过程对组织过程来说就是改革组织管理，控制过程对计划过程的反馈也是改革。改革是动态管理的基本特征，而一切有效的管理本质上都是动态管理。所以，稳定中有改革的因素。同时，改革中也有稳定的因素。改革不是一阵风、一卷浪，它是一个持续稳定的过程。改革要有一定的步骤，改革中推行的政策、组织体制、管理方法等需要一定的稳定度，以便观察、评价和控制，并在改革过程中巩固自己的成果。其次，稳定和改革具有相互转化的趋势。管理模式的相对静止、管理过程的量变使整个高校图书馆管理活动在一定时期呈现出稳定状态，似乎一切都在按部就班地正常运转。其实不然，这背后孕育着各种矛盾。当这些矛盾尖锐到不冲破旧的管理体制就会严重阻碍各项业务活动发展时，全面的改革就不可避免了。当通过改革建立起新的管理体制后，这种管理体制下的管理活动基本上是适合各项业务活动发展需要的，这时就需要保持管理体制的稳定来巩固改革的成果。总之，"稳定—改革—稳定"是管理体制发展的实际过程，这个过程的不断推移就是高校图书馆管理活动的进化和升级过程。

高校图书馆管理的范畴是高校图书馆管理活动中个人与组织、组织与环境这两个基本问题的具体展开，作为矛盾统一体的每一对范畴在现实的高校图书馆管理活动中并不是孤立存在的，而是紧密联系并和高校图书馆管理的运动规律相互结合综合地发挥作用。当我们用这些范畴去分析现实的高校图书馆管理活动及其矛盾时，应该注意这些范畴之间的相互联系和相互转化，注意它们在反映高校图书馆管理的本质和规律中的特殊性和普遍性，注意它们与高校图书馆管理现实运动及蓬勃发展的高校图书馆管理学的有机结合。

二、高校图书馆管理的职能分析

高校图书馆管理的职能主要有五项，即计划职能、组织职能、领导职能、控制职能和评价职能。

（一）计划职能

计划是指对未来的行动，以及未来资源供给与使用的筹划。计划指导着一个高校图书馆系统循序渐进地去实现其目标，计划的目的就是要使高校图书馆适应变化的信息环境，并使高校图书馆占据更有利的信息环境地位，甚至进入一个完全不同的信息环境。计划在高校图书馆中可以成为一种体系并有其内在的层级，如战略计划是最高层次的长远计划，职能计划与部门工作计划则是中层次的操作性较强的计划，而下级的工作计划则为低层次的具体计划。从计划的定义、目标及功能来看，计划无非是一种降低高校图书馆资源配置过程中的不确定性的手段。事实上，无论是战略计划还是职能部门计划，对未来行为的一种筹划就是希望通过事先的安排有准备地迎接未来，或按照设定的目标循序渐进地工作，从而减少未来的不确定性对高校图书馆的冲击，减少未来工作过程本身可能产生的不确定性。

计划职能涉及如下因素：①有助于达到目标的政策；②管理人员将要实施的项目；③管理人员将会采用的过程；④管理人员必须按时完成的时刻表；⑤将会涉及的预算方面的因素考虑。

（二）组织职能

组织是管理者建立一个工作关系构架从而使高校图书馆成员得以共同工作来实现高校图书馆目标的过程。组织的结果是组织结构的产生，即一种正式的任务系统和汇报关系系统。通过这种系统，管理者能够协调和激励高校图书馆成员努力实现高校图书馆的目标。组织结构决定了高校图书馆能在多大程度上利用其资源创造信息产品和提供信息服务。组织职能包含的要素如下：①将高校图书馆各项业务活动进行合理的组织，使之具有一定功能和位置；②为了有效地发挥其职能，管理人员必须进行一定的授权；③管理人员必须在其下级之间建立关系和联系，使这些下级能够相互提供完成工作所必需的信息；④管理人员必须仔细检查自己所在部门与其他部门之间的关系及其对高校图书馆经营运作的影响。

(三)领导职能

领导有两重含义:其一是领导现象,指人群中存在的追随关系,其本质是影响力;其二是领导行为,指群体中的某些成员为了促使领导现象的出现或加强而实施的各种行为。在领导过程中,管理者要向员工描述一个清晰的愿景,调动高校图书馆成员的积极性,使他们理解他们在实现高校图书馆目标过程中所起的作用。管理者利用权力、影响、愿景、说服力和沟通等技能来协调个体和全体行为,从而使他们的努力能够得到充分的展现和利用。领导所产生的效果就是高校图书馆成员所表现出来的高度积极性和对高校图书馆的承诺。

领导职能涉及四个方面的功能:①及时根据外界环境的变化,指示高校图书馆内所有人与资源配合去适应环境并采取适当的行为;②调动高校图书馆成员的积极性,激励他们奋发努力,给他们创造发展的机会;③有效地协调高校图书馆内的人际关系,使高校图书馆内有一个良好的工作氛围,从而降低内耗;④督促高校图书馆成员尽自己努力按照既定目标与计划做好自己的本职工作。

(四)控制职能

控制是指根据既定目标不断跟踪和修正所采取的行为,使之朝着既定目标方向运作并实现预想的结果或业绩。由于现实行为往往会受到各种不确定性因素的影响,故每一行为都有可能偏离预定要求,从而使既定目标或业绩难以达成,显然这是高校图书馆所不愿看到的。为了防止这种状况的产生,控制就非常必要。通过实施控制这一职能,管理人员能够做到在高校图书馆偏离目标太远之前就将其纳入正确的轨道之内。

控制职能包括以下内容:①将实际效果与预测结果进行对比;②将已获得的结果与目标要求、项目要求和计划要求进行对比;③将实际成本与预算成本进行对比。

(五)评价职能

评价是指高校图书馆管理实施过程结束之后,根据管理的成效对高校图书馆管理过程的各项活动进行全面的检查、比较、分析、论证和总结,从中得出规律性的启迪，以不断提高管理水平，取得更好的管理效益，实现管理良性循环的一项管理活动。高校图书馆管理过程结束之后，需要对其所获得的管理成绩和效果进行相应的评价，从中汲取经验和教训，为下一轮的管理循环提供依据、打好基础，以不断提高高校图书馆管理工作的水平。因此，评价既是高校图书馆管理过程的归宿，又是高校图书馆管理过程的起点。它对于加强高校图书馆管理工作、提高高校图书馆管理水平有着至关重要的作用。

第三节　高校图书馆管理的原理阐释

一、人本原理

在管理学的整个发展过程中，"人"始终是一个最基本的概念。任何一种管理理论都是依据对人的一定看法而提出来的，各种管理理论的区别大多可以归结为对人的理解不同。例如，X理论是建立在人性"恶"的假设之上的，Y理论是建立在人性"善"的假设之上的，Z理论则试图超越人性"善"还是"恶"的问题。再如，传统的管理理论往往把人当作手段来看待，认为人和机器等工具一样，无非是达到某一目的的手段；而现代管理学则普遍地摒弃这种看法，把人看作目的，认为人本身是一切管理活动的最终目的。所以，对于现代管理学来说，关于人是手段还是目的的争论已经有了明确的答案。

（一）人本原理的含义

所谓人本，顾名思义，就是以人为根本。概括地说，高校图书馆管理的人本原理是指在高校图书馆管理活动中，坚持一切从人出发，以调动和激发人的积极性和创造性为根本手段，以达到提高管理效率和人的不断发展为目的的原理。该原理具体包含以下几层含义。

第一，人的因素第一的观念。所谓人的因素第一，就是在观察任何事物、处理任何事情、解决任何问题时，都把人的因素看成首要因素、关键因素、决定性因素，既不是重物不重人，也不是见物不见人。

第二，尊重知识、尊重人才的观念。尊重知识和尊重人才是统一的。这是因为知识是人才的基础，人才又是知识的人格化。高校图书馆管理中的人才观念是指广义的人才，而不仅仅是指少数典型或代表人物。

第三，以人的不断解放和全面发展为最高追求的观念。

第四，"人和第一"的观念。在高校图书馆管理中树立"人和第一"的观念，既包括管理者之间即领导班子的团结合作、管理者与被管理者之间的团结合作，也包括团体或组织内良好的人际关系、团体或组织外良好的社会关系。

（二）人本原理的贯彻途径

第一，把高校图书馆管理建立在对人的本性的科学认识基础上。从人本原理来看，高校图书馆管理主要是人（馆长、书记、副馆长、部门主任、小组长等）对人（普通馆员和读者）的管理。因此，建立任何管理制度、制定任何管理措施，都必须对人的本性有一个准确而科学的认识。通俗地讲，就是首先明确所管理的人是什么人，然后再研究管理制度和管理方法，即如何管理的问题。这样就能使所制定的管理制度和措施有较强的针对性，使之建立在科学而实际的基础上，从根本上起作用。

第二，重视人的精神、价值观和政治思想在高校图书馆管理中的作用。我国古代早有"为将之道，当先治心"的名言。随着社会的不断进步和人们物质文化生活水平的不断提高，人的精神追求、价值观的实现和思想政治因素在管理中发挥的作用越来越大。因此，高校图书馆管理应顺应这一历史潮流，重视文化建设、加强思想政治工作，使高校图书馆系统有明确的追求目标，形成良好的共同价值观和强大的精神凝聚力。精神凝聚力是最根本的凝聚力，任何高校图书馆只要形成了强大的精神凝聚力，就能充分发挥人的"自动自发"功能，就能经得起艰难困苦的考验，无往而不胜。

第三，创造能充分发挥人的聪明才智和能让拔尖人才脱颖而出的机制和环境。一般来说，一个体力、脑力比较健全的人，只要使其能力得到一定程度（不一定是全部）的发挥，就可以创造多于其正常消费的财富。按照这一推理，任何高校图书馆都不存在人的能力和积极性缺乏的问题，而只可能存在缺乏使人的能力和积极性得到充分发挥的机制和环境。当今高校图书馆中的种种影响人的能力和积极性充分发挥的因素，如领导作风、运转机制、管理制度、精神风貌等，大多是人为因素造成的。因此，要想提高高校图书馆管理水平、增强高校图书馆系统的活力，就必须大胆地清除影响人的能力和积极性充分发挥的各种障碍。高校图书馆可通过实行民主管理，建立平等竞争机制，制订公开、公平和公正的分配制度与干部培养、选拔、任用和考核制度，以及贯彻目标、责任、权力、绩效和利益五位一体原则等措施，来营造一种有利于人才成长的优良环境。

二、动力原理

在高校图书馆管理系统中，确立了以人为本的观念，并不意味着高校图书馆管理活动就会一帆风顺。因为人缺少了动力就不可能充分发挥其潜能，更不可能积极主动地去为实现高校图书馆的目标而奋斗。因此，动力原理也就应运而生。

（一）动力原理的含义

动力的管理学含义是指推动管理活动向特定方向运动的力量。其意义和作用不仅在于使管理运动，还在于使其非如此运动不可。

管理动力具有如下特征：①它不仅有大小、方向，还有直接作用的目标；②它不仅是一种力量，还是一种强有力的制约因素，促使管理组织按特定方式、以特定速度和规模向特定方向运动；③它是形成管理组织有序运动的主要原因，是维持管理组织存在、发展和完善的必要前提。现代管理强调管理活动必须有强大的动力，尤其要求管理者要最优地组合、正确地运用管理动力，从而使管理能持续有效地进行下去，并促进管理组织整体功能优化。这就是管理动力原理的基本含义。

（二）管理动力的运用

1. 管理动力的协调机制解读

由于高校图书馆管理的物质动力、精神动力和信息动力各自具有相对独立性，因此如何有机地组合、协调地运用这三类动力，就成为高校图书馆管理学需要研究的重点问题。

一般来说，管理行为在趋向系统整体目标的过程中，物质动力是其基础和前提，精神动力是其核心和灵魂，信息动力则是其必不可少的调节杠杆。三类动力各有自己的功用和意义，不可偏废。在不同的高校图书馆系统中，三类动力的地位和作用存在着差异。即使在同一高校图书馆系统内，三类动力的地位和作用也会随着时间、地点和条件的变化而变化，而且在不同结构、层次之间也存在着区别。高校图书馆管理的任务之一，就是要及时洞察其变化，把握其差异，采取既合乎实际又行之有效的措施，促使这三类动力相辅相成，发挥综合效力。

2. 正确处理各个动力之间的关系

从管理动力的角度看，任何一个高校图书馆系统的整体动力都是由高校图书馆内各个个体动力作用的结果。这些个体动力都各自有其物质动力、精神动力和信息动力。它们同高校图书馆系统整体动力并不总是完全一致的。如果我们用向量来表示高校图书馆系统的个体动力同整体动力的关系及效应，一般会表现为以下三种典型情况（图1-1）[①]。

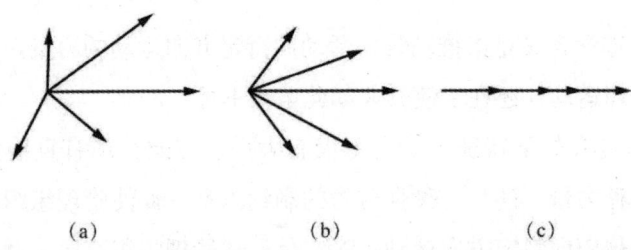

图1-1 高校图书馆管理整体动力和个体动力组合的三种典型情形

在图1-1（a）中，高校图书馆系统内部各个个体动力都得到了充分而自由的发展，但由于它们方向各异、相互抵消，最后表现出来的整体效应就十分有限，有时甚至会出现向量为零或为负的情况。这种动力结构被称为放任型管理动力模式。

---

① 杨启秀. 高校图书馆管理与服务创新研究 [M]. 北京：国家行政学院出版社，2018：37.

在图 1-1（c）中，将每个个体动力强扭到统一的"集体"方向上，从表面上看，只要将个体动力叠加，就能获得最大的整体动力。实则不然，因为高校图书馆系统的整体动力同单个个体动力之间不是代数守恒。将单个个体动力强行纳入高校图书馆系统整体动力之中，并要求方向相同和行动划一，实际上是对个体动力的约束或否定。其结果是个体动力不能得到合理和充分的发展，从而造成个体动力的减少或消失。这种动力结构被称为独断型管理动力模式。

高校图书馆管理在动力组合问题上，既反对个体动力的盲目发挥，又反对整体独断型动力模式，而是追求高校图书馆系统动力的合理组合。高校图书馆管理实践证明，一种比较理想的管理动力模式一般遵循"四边形法则"，即个体动力在整体目标方向基本一致的前提下，充分自由地发展，如图 1-1（b）所示。这种综合作用的效果，其整体向量虽然不是最理想的，但却是最稳定可靠的、最现实合理的。这是高校图书馆管理要求建构的动力结构，即满意型管理动力模式。

高校图书馆管理中还存在正确认识和处理眼前动力同长远动力的关系的问题。通常情况下，高校图书馆系统内部个体动力主要表现为眼前动力，这是由个体动力的性质、任务、目标及自身利益所决定的，而高校图书馆系统的整体动力则主要表现为长远动力。然而，这种区分是相对的。事实上，个体动力中也有长远动力，整体动力中也有眼前动力。它们之间是"标"与"本"的关系，并具有交叉关系。高校图书馆管理应按照"急则治标，缓则治本"的原则，正确地认识和处理眼前动力和长远动力的辩证关系。

根据控制论，我们可以通过一定的外部刺激来获得高校图书馆系统的动力。即当高校图书馆系统及其要素的行为得到改善时，就予以鼓励、促进，这就是正刺激；反之，就予以惩罚、限制，这就是负刺激。从一定意义上讲，高校图书馆系统动力结构的优劣主要取决于正负刺激量的运用和比例是否恰当。刺激量不当，就不能有效地贯彻管理动力原则，不能发挥出高校图书馆系统及其要素的最佳动力。因此，高校图书馆管理者必须注意：①管理刺激应以实现目标为准；②注意刺激的时效性；③少用甚至不用定期刺激；④少用甚至不用固定刺激；⑤刺激应随人员要素不同而采取不同手段；⑥奖惩分明、奖惩结合、以奖为主。

三、效益原理

效益是管理的永恒主题。任何组织的管理都是为了获得某种效益。效益直接影响着组织的生存和发展。高校图书馆管理自然也不例外。

（一）高校图书馆管理的效能、效率与效益

高校图书馆管理的效能是指高校图书馆管理系统所具备的实现目标的有效做功本领或有效行为能力，它直接取决于高校图书馆管理系统的目标是否明确、结构是否合理及高校图书馆人的积极性发挥得是否充分。

高校图书馆管理效率包括两层意思：一是指高校图书馆管理行为趋向系统目标的速度，即单位时间内高校图书馆管理系统所完成的工作量；二是指高校图书馆管理系统完成单位工作量所需消耗的劳动量（包括知识和物化劳动等）。

高校图书馆管理效益是指高校图书馆管理系统为一定的目标，以一定的效率发挥其效能的结果或效果。

一方面，从动态过程看，高校图书馆管理效益是管理目标行为有效做功的结果，它表现为管理效能、效率和系统目标的函数。可用下式表示：

$$\text{管理效益} = f(\text{系统目标}, \text{管理效能}, \text{管理效率}) \qquad (1-1)$$

这表明：①高校图书馆管理系统的整体目标是管理效能和效率趋向管理效益的一个重要干涉变量。即使在管理效能大、效率高的情况下，如果管理的目标不明确或无目标，就会导致管理效益低下或无管理效益可言，如果管理系统目标错了，则管理结果就是负效益，且效能越大、效率越高，系统整体的负效益也就越大；②由于目标变量可主要视其优化程度而在 $0 \sim 1$ 取值，因此，当高校图书馆管理系统的目标确定后，目标就转化为一个常量；③一个系统的效能主要取决于它的结构。一个高校图书馆管理系统在特定的时空内其结构是相对稳定的，因此，其效能也可视为一个常量。这时，式（1-1）可化为管理效益 =f（管理效率）。即效益直接取决于效率，并是它的函数。

另一方面，从静态结果看，高校图书馆管理效益又主要由经济效益和社会效益构成。我们把高校图书馆管理系统所表现出来的内在价值称为经济效益，把高

校图书馆管理系统对读者的价值称为社会效益。经济效益与社会效益既有联系，又有区别。经济效益是社会效益的基础，而追求社会效益又可以成为提高经济效益的重要条件。两者的区别主要表现在经济效益较社会效益更为直接和显而易见，经济效益可以运用若干个经济指标来计算和考核，而社会效益则难以计量，必须借助其他形式来间接考核。高校图书馆管理活动在处理经济效益与社会效益的关系上，应该是统筹兼顾、最大限度地追求经济效益和社会效益的同步增长。既反对单纯追求经济效益而不顾社会效益的倾向，也反对片面讲求社会效益而不讲经济效益的做法。当经济效益与社会效益发生矛盾时，应当从全局出发，协调两者的关系，但基本的原则是要让经济效益服从和服务于社会效益。

（二）影响高校图书馆管理效益的因素

影响高校图书馆管理效益的因素有以下几种。

1. 生产方式

从根本上看，高校图书馆管理效益是由生产方式决定的。一个社会的生产方式是这个社会劳动者与劳动资料的结合方式，它既是人与自然之间发生物质变换的方式，也是人与人之间的物质交往方式。在这两个方面都伴随着管理活动。在某种意义上，高校图书馆管理活动是生产方式的外在表现，有什么样的生产方式就必然会有什么样的管理活动。所以，高校图书馆管理具有什么样的性质和以什么样的方式存在，直接决定着高校图书馆管理的效益。因此，生产方式从根本上决定高校图书馆管理的效益。

2. 管理者

管理者是管理主体，在高校图书馆管理活动中居于支配地位，起核心作用。管理者的思想观念、行为方式对高校图书馆管理效益的影响是十分明显的。这是因为管理者的思想观念在管理活动中往往表现为管理的指导思想，这种指导思想又会支配管理行动，使其表现出特定的管理行为方式。管理者的思想观念、行为方式对高校图书馆管理效益的影响，是通过管理者对高校图书馆管理活动的计划、组织、领导、控制和评价等实现的。

3. 管理对象

高校图书馆管理对象是由人、财、物、信息资源等要素组成的一个有机体系，其中人是最重要的。尽管财、物、信息资源等要素的组合对提高高校图书馆管理效益具有不可忽视的作用,但这种作用只有通过人的活动才能实现。人的素质水平、工作责任心、主观能动性发挥的程度,往往决定着其他管理对象作用发挥的程度。

4. 管理环境

高校图书馆管理效益是通过有效的管理活动实现的,而管理活动又是在外部客观环境的影响下进行的,因此,管理环境也是影响管理效益的一个重要因素。影响高校图书馆管理效益的环境因素包括政治环境、经济环境、科学技术环境和社会心理环境。政治环境是指一个国家的政治形势、法律制度、路线方针政策及国际局势;经济环境是指高校图书馆系统之外的经济发展状况,如市场、投资、银行信贷、税收、物价等,这些因素通过其在价值规律等方面的作用影响高校图书馆管理的效益;科学技术环境是指高校图书馆系统外部科学技术(尤其是信息技术)的发展状况,它通过影响劳动生产率来影响高校图书馆管理的效益;社会心理环境是指高校图书馆系统外部的各种社会心理现象,主要包括社会态度、社会期望、社会舆论、消费心理、从众心理等,它们通过对高校图书馆的精神文化、人际关系及高校图书馆成员的心理行为产生影响而影响高校图书馆管理效益。

弄清影响高校图书馆管理效益的因素对于提升高校图书馆管理效益具有重要意义。首先,可以使管理者提高认识,在高校图书馆管理活动中注重运用科学的管理方法和民主的管理手段,自觉地提高管理水平。其次,可以使管理者认识到人的因素对于管理效益的意义,注重调动人的积极性,提高人的素质,协调人们之间的关系,使人与物的结合方式达到最佳的优化状态。最后,可以使管理者树立开放的管理观念,不是把眼光局限在自己的管理范围之内,而是在更广阔的视野中看待自己的管理范围,认识环境因素对高校图书馆管理活动的影响,自觉地利用一切有利的影响,避免不利的影响,从而大大提高高校图书馆管理效益。

第四节　高校图书馆管理的方式创新

一、高校图书馆管理创新的必要性

第二次高校合并[①]出现的新形势，为高校图书馆管理带来了现实挑战。合校之后，不同高校在学科设置、专业设置、人才培养模式、具体管理体制、人力资源管理等诸多方面都存在一定差异性。高校图书馆作为高校重要组成部门，担负着以高质量、高水平的姿态服务全校教学科研的重任。面临合校后的新形势，高校图书馆必须调整管理结构、创新管理途径，按照合校后的新要求不断创新形成适合高校发展的新型管理模式，进而更好地发挥自身作用。从这个层面讲，高校图书馆管理创新是从高等院校合校的新要求出发，是为了更好地适应高校合并新形势的现实需要。

（一）高校图书馆管理创新的现实需要

高校图书馆管理创新是为了更好地适应高校强校战略的现实需要。如果说高校实施扩招政策是为了将高校做大，那么实施强校战略的出发点和最终落脚点就在于把高校做强。高校实施合校调整和扩招政策，其直接的影响就是高校在办学规模上迅速膨胀。而面临经济全球化新形势和实现社会主义现代化的新形势，必然要求把高校做强，注重办学质量提升和人才质量提升。

当前，我国高等教育发展已经进入蓬勃发展、更加注重质量的新时期。很多高校在扩招、合校之后，逐步探索更加适合自身发展的办学体制和办学机制，不断提升办学水平和办学效益，因为高校图书馆的建设和发展是高等院校总体水平的重要标志，是教学科研工作的重要组成部分，要与学校的建设发展进程相适应。

[①] 高校合并，也叫高等学校合并、大学合并，是指高校、高等学校、高等院校的合并、重组，高等教育领域的学校合并，包括高等学校合并、高校合并重组。我国一共有两次大规模的高校合并，第一次是在1952年，第二次是在2000年。

高校图书馆在高校强校战略的现实背景下，必须加快创新管理进程，以更好地适应高校实施的强校战略，为高校教学科研工作提供更高质量、更高水平的服务。从这个层面讲，高校图书馆管理创新是从高等院校实施强校战略的新要求出发，为了更好地推动高校实现强校战略而提供更高服务质量、更高服务水平的现实需要。高校是重要的人才培养基地，在知识经济为主流的现代社会，其所起的作用越发显著，所处的地位也越来越重要。而高校图书馆作为高校重要的组成部分，肩负着服务高校教学活动和科研活动的重担。在很大程度上讲，高校在经济社会中发挥职能的大小与高校图书馆密切相关。

面对经济全球化大背景，在知识经济时代高校图书馆如何适应这一整体经济形势需要、如何实现信息技术服务的数字化和多元化、如何全面推动所服务的高校培养更高质量的人才，是必须要面临的一个重大课题。在这个角度讲，高校图书馆必须加快管理创新，更好地适应新的时代要求，应对新的知识信息时代给高校图书馆提出的新要求和带来的新挑战，否则高校图书馆必将落后于知识经济时代的发展步伐，被知识经济所淘汰。

（二）高校图书馆管理创新的经济环境需要

高校图书馆管理创新适应外部经济环境需要，是由高校图书馆经费投入相对不足的现状决定的。按照国家教育部颁布的《普通高校图书馆规程》规定，高校应当拿出教育事业经费的5%用于高校图书馆文献资源购置，国内很多高校在高校图书馆文献资源经费投入方面很难达到这一比例。我国加入世界贸易组织之后，高校图书馆经费投入相对不足的情况更加加剧了高校图书馆经费紧张的态势。在经费投入不足的情况下，一些高校图书馆迫于经费压力不得不推迟或取消国外部分期刊的购置计划。

从以上几点来看，随着知识经济时代的到来，高校图书馆在经济社会发展、人才培养方面所发挥的作用愈加重要，因此高校图书馆在社会中的地位也逐渐提高。然而，经济的发展和知识需求的增长也为高校图书馆带来新挑战、提出新要求。在我国经济飞速、稳定发展的同时，受图书市场价值增长和经费短缺等因素的影响，高校图书馆在发展过程中也面临重重困难。因此，高校图书馆必须从更好地适应知识经济时代发展角度，不断克服诸多不利因素，尤其要加大管理创新，

（三）高校图书馆管理创新的科技环境需要

科学技术的突飞猛进，实现了高校图书馆在网络信息技术条件下呈现出新特征。首先是高校图书馆馆藏的多元化，既注重实体馆藏，又注重虚拟馆藏，由过去传统的片面注重实体资源到现在的实体资源和网络虚拟资源并重。其次是高校图书馆在业务管理中全面开展自动化，高校图书馆无论在探访、采购、审阅、登记、储藏，还是在分类、咨询、查阅等各个流程和环节，无不体现高度自动化的发展趋势。

高校图书馆管理创新是为了更好地适应外部科学技术环境的现实需要。伴随着科学技术的飞速发展，高校图书馆在管理过程中大量运用了现代计算机信息技术、存储处理技术和信息通信技术，大量先进科学技术手段在管理方式上的应用，让高校图书馆在发展道路上产生质的飞跃。网络化、移动端、数字化等高科技手段的飞速发展，很大程度上改变了高校图书馆的文献资源分类、存储、传递和利用信息的方式。

（四）高校图书馆管理创新的时代要求

借助网络技术、计算机信息技术，实现多个高校图书馆文献资源信息共享，大大节约了成本，提高了利用效率。科学技术的飞速发展为高校图书馆实现跨越式发展奠定了坚实的基础，科学技术中的数字网络化技术、信息通信技术引起了高校图书馆在文献资源储藏、工作流程和服务方式等方面的革命性变化。然而科学技术日新月异，高校图书馆必须要跟上科学技术发展的步伐，不断推陈出新，实现自身管理的全面创新，运用科学技术更深入、更全面地为实现自身发展服务。

在文化市场发展、繁荣的同时，文化图书市场也存在诸多不良现象，如图书市场竞争无序状态、图书文化市场执法监督缺位、市场混乱等现象也层出不穷。与此同时，文化出版市场的出版物质量也呈现出下滑趋势，各种假冒伪劣产品、盗版产品屡禁不止。高校图书馆面临的文化环境发生了很大变化。高校图书馆在发展过程中既要看到在国家文化发展、大繁荣政策刺激下文化市场出现的良好一面，积极利用优势，不断为"我"所用，努力丰富馆藏资源、优化服务质量、提升管理效益，实现在馆藏语种、品种、类别、数量的多元化。同时，又要明辨文化市场上的鱼目混珠的现象，避免文化市场的不良因素侵入高校图书馆，尤其要避免引入一些侵权产品、假冒伪劣产品等，切实保护好读者的合法权益，维护读者尊严和现实利益。在这样的文化环境下，高校图书馆必须要加快管理创新，更好地适应文化环境，变文化环境的优势因素为自身发展的重要推力。

（五）高校图书馆管理创新的读者需求

高校图书馆管理创新是为了更好地满足读者需求。高校图书馆作为高校的文献信息资源中心，直接的服务对象就是广大读者，更好地为全校教职员工和学生提供便捷、高效、全面的文献资源服务，更高效、准确地为高校的教学科研活动提供前沿、精准、全面的信息资源服务。随着信息技术的飞速发展及现代化网络技术的广泛应用，广大读者对高校图书馆文献资源服务提出了新要求，高校图书馆传统的被动的管理模式已经不能满足新时期读者对信息的需求，读者对高校图书馆提出了更深层次的要求，所以高校图书馆管理创新能更好地满足读者需求。

高校图书馆读者结构发生了深刻变化。高校图书馆所服务的读者群体主要为教师群体、学生群体和高校管理群体。伴随着我国高等教育改革的不断深入，我国高校办学规模、办学层次、办学类型等呈现了多样化的态势。尤其是21世纪初，伴随着高校扩招政策和高校合校步伐的加快，一些高校办学层次逐步提高，有的高校同时具备了博士生教育、硕士生教育、本科生教育、专科生教育和成人教育等多种办学资格和办学条件，读者结构呈现出显著的多元化态势。作为高校图书馆，面对学生读者群体发生的这些结构性变化，要做出全面衡量，针对不同学生结构，必须提供更加具有针对性的服务。合校后，高校办学规模扩大，各个层次的学生读者群体都出现了上升的态势，远程教育、研究生教育、联办生教育的学生数量也逐年增加。高校图书馆面对合校后学生读者群体数量上发生的变化，需要加快管理创新，既要满足学生群体对文献资料数量上的需求，又要满足其质量上的需求。作为教师读者群体来讲，按照职称结构又划分为教授、副教授、讲师和助教，不同职称层次的教师对高校图书馆所需求的服务和类别肯定是不一样的，如何更好地满足不同职称层级的教师群体需求，是高校图书馆管理过程中必须要高度重视的一个问题。

高校图书馆实行管理创新主要是为了适应外部环境的变化，是为了更好地与经济社会发展步伐相一致、与高等教育改革过程相衔接。同时，高校图书馆改革也是为了推动自身更好地发展，不断实现自身管理形态、经营理念和工作内容、工作方法、管理手段的改造升级，更好地迎合计算技术、现代网络通信技术为核心的新时代发展的需要。

二、高校图书馆管理创新的决定因素

高校图书馆是一个学校的文献信息中心，与信息技术联系最为密切，对信息技术的变化的反应速度也最快。在当前时代快速发展，数字化、信息化、网络化进程不断加速的背景下，高校图书馆的规则、职能、要素都要因时而变。

高校图书馆实施管理创新、更好实现自身内部要素整合，是由以下几方面因素决定的。

（一）高校图书馆传统文献管理模式

很长时间以来，受高校图书馆管理特有体制因素制约和影响，在管理思想中一直延续着相对分散的文献管理模式，尤其是现在一些体制内高校的高校图书馆的思想意识仍十分陈旧，没有跟上时代发展的步伐。高校图书馆传统的文献资源管理模式在一定时期、一定条件下对高校科学研究及教学活动起到积极推动作用。但是伴随着信息技术时代的到来，高校图书馆文献资源管理模式已经不能很好地适应高校发展需求、不能适应广大读者的信息需求，尤其是在信息网络化推动下，虚拟高校图书馆、数字高校图书馆方兴未艾，在文献资源管理模式上再不实施创新，那么高校图书馆的生存也成为一个巨大的问题，渐渐高校图书馆就会失去存在的必要性。

高校图书馆要改变管理模式、创新文献资源管理模式，必须紧跟经济社会发展的新形势，按照信息时代的具体要求，不断变革，逐步摒弃传统条件下"重藏轻用"的管理思维，从推动高校图书馆信息资源共建共享的高度，努力实现文献信息资源的基础性建设，强化信息整合力度，转变服务观念，实现高校文献资源管理的社会化和信息化。

（二）馆藏资源

馆藏资源为高校图书馆的生产发展提供了支持、奠定了基础。馆藏资源建设在任何时期都被视为高校图书馆发展工作的重中之重。信息技术为高校图书馆发展提供了难得的历史机遇和空前的发展空间，在向高校图书馆提供种类繁多和数量巨大的信息资源的同时，也实现了高校图书馆信息来源多元化。在现代化信息技术的影响下，即使同一内容的文献资源，由于所采取的出版形式和所利用的技术手段不同，在呈现方式上也会体现多样化的趋势。面对信息时代高校图书馆馆藏资源发生的深刻变化，高校图书馆必须要敢于创新、积极主动创新，不能故步自封，要离开"体制内"的"温床"。高校图书馆基于自身在高校发展中的重要职能和特殊地位，需要实施全面化和多元化的馆藏资源收集和储藏方式，不断根据时代和读者要求更新文献资源，更要不断整合先进的工作经验，提高工作效率，更好地发挥自身职能作用。

（三）高校图书馆人力资源管理的变化

知识经济时代条件下，人才资源是第一资源，任何行业、任何领域的发展都离不开人才。同样，知识经济为高校图书馆发展带来难得历史机遇的同时，也为其深入发展带来的了巨大挑战。其中挑战的最主要、最直接的来源之一就是人才。当前各个高校图书馆均不同程度地存在专业技术人才缺乏、现代化高水平的网络信息技术人才难以引进、高校图书馆馆员整体素质有待于进一步提高等问题。纵观当前高校图书馆管理层，真正科班出身的具有工商管理硕士或公共管理硕士学位的专门管理人才凤毛麟角。

除此之外，一些高校图书馆人力资源队伍中仍然存在与高校图书馆管理专业没有丝毫相关性的工作人员，不少高校图书馆工作人员或者管理人员缺乏专业的职业素养，也对高校图书馆管理知识知之甚少。造成这种局面的原因既有历史原因，也有现实原因：一是一些高校合并后遗留下的机构臃肿、人员冗余问题，为了解决一些从事不了高校教学工作及相关管理工作的冗余人员的工作问题，不得不把他们安排进高校图书馆工作；二是一些高校为了引进高学历的人员，帮助解决其配偶工作问题，将其配偶安置进高校图书馆。伴随着知识经济的深入发展，对高校图书馆馆员的知识素养、专业能力、工作组织结构提出了更高的要求。与此同时，高校图书馆工作人员自身也发生了变化，希望能实现物质乃至精神方面的提高与进步。因此，高校图书馆要不断创新，实行贴合时代特征、读者需求、馆员要求的管理制度。

第二章 高校图书馆学术期刊管理探析

第一节 高校图书馆学术期刊管理的范畴

一、学术期刊概述

学术期刊,英文称呼有"academic periodical""academic journal""academic magazine"等,通常称为"academic journal";中文称呼有"学术性期刊""学术刊物""学术杂志"等,一般称为"学术期刊"或者"学术性期刊"。

由于学术期刊的载体、种类、出版方式等已经比传统的纸质学术期刊有了根本性的发展,从而使学术期刊概念的内涵与外延发生了很大的变化。因此,本书将学术期刊定义为:直接登载学术论文、研究报告、综述评论等学术性文章的原发性刊物,或者以文摘索引等形式转载、收录学术性文章的二次文献刊物,在期载文量中上述类型文章的数量均达到发文总数的半数以上,是一种定期或无限期出版下去的连续出版物。

(一)学术期刊的基本属性

学术期刊的基本属性包括以下几点。

1. 学术性

学术期刊的学术性主要表现为:以登载具有一定规范性的学术论文为主;刊物内容主要为科学研究的创新性成果;主要供科研工作者参考借鉴;登载的论文具有一定的理论性。

2. 专业性

期刊的专业性是指期刊登载的文章集中报道和反映了某一学科的知识与信息，展示了期刊的学科范畴，是不同种类学术期刊相互区别的根本所在。专业性的强与弱，直接决定着期刊的学术质量与学术水平。

3. 情报性

情报是被人们所利用的信息（信息说），或者是为了解决一个特定问题所需要的知识（知识说），是推动用户当前事业的信息选择、传递。学术期刊的情报性表现为其关注与报道人类学术研究的前沿问题、最新成果并记载了大量新颖的信息，成为极其重要的情报载体和情报源。

4. 科学性

学术期刊的知识、信息都是作者运用科学方法进行专门研究的成果，论文在发表前还需经过编辑、评委专家的精心审读和编辑加工才能刊载，因而是集体智慧的结晶。

5. 严肃性

学术期刊传播学术知识与信息，要求作者严格遵守学术规范、恪守学术道德，认真地从事科研创作活动，要求刊物登载的内容准确、科学、新颖，编辑与出版严格按照各项规定执行，程序上符合要求，形式上严谨规范。

6. 小众性

学术期刊的学科专业性非常高，一般只适合于本学科专业读者阅读使用，读者较为固定且人数较少，传播的渠道相对较窄，成为小众性窄播化的学术载体。

（二）学术期刊的特征表现

学术期刊有一般特征和典型特征。

1. 学术期刊的一般特征

学术期刊的一般特征主要有：连续出版，刊名与出版形式统一，有卷期编号、年月标识、发行代号，具有国际、国内标准连续出版物号，等等。

2. 学术期刊的典型特征

学术期刊的典型特征主要有以下几点。

（1）编辑学术化

学术期刊的编辑必须是某学科、某专业的专家，具有扎实的学科、专业知识基础，了解学科、专业的前沿发展动向，熟悉最新的知识和信息，具有较强的科研能力和较高的稿件审读与编辑水平。吸收、聘请本社以外的学者、专家做刊物的特约编辑或评委，成立由多学科、多机构的学者和专家组成的学术委员会，共同承担刊物学术生产的任务和责任。

（2）载文学术化

学术期刊所发表的全部或大多数文章都是学术性文章，即通常所说的学术论文，是某一学术课题在实验性、理论性或预测性上具有的新的科学研究成果或创新见解和知识的科学记录，或是某种已知原理应用于实际中取得新进展的科学总结，用以在学术会议上宣读、交流、讨论或在学术刊物上发表，或是用作其他用途的书面文体。

（3）载文编号

根据出版物的规范要求，大多数学术期刊都对载文进行编号，排列于文章正文前的文献标识码之后。载文编号结构形式为：ISSN（年）期 – 起始页码 – 全文页数。给文章编号，是学术期刊特有的出版形式，是一种国际通用的文章编号形式，可以进行文章的国际性检索。

（4）具有CODEN码

CODEN码是国内外科学技术期刊的刊名略语代码，主要用于计算机检索。一般与ISSN、CN号一同标注在学术期刊封面右上角，具有唯一性。目前，我国许多科技类学术期刊都使用CODEN码。CODEN码是世界性的科技学术期刊刊名检索代码，是科技学术期刊的主要标志，可以利用此号进行刊名查检。

（5）传播多媒体化

目前，学术期刊除了出版纸质刊物外，一般都同时出版数字化期刊，建立期刊网站，实现期刊内容的在线传播。同时，纸质期刊的内容还被数字化后收入各种期刊数据库，供读者随时检索与查阅。另外，学术期刊还出版有纸质的或者数字化的抽印本、配刊光盘等。多媒体化的出版与传播，扩大了学术期刊的社会影响，为学术期刊的多样化利用创造了良好的条件。

（6）多版别化

期刊的多版别化，是指某刊在一个共同题名下，形成多个版别的系列刊的现象。这些刊的刊名、读者、语种、载体等相同、相近或者不同。期刊在原创刊（母刊）基础上分裂出其他版别刊，是国内外期刊发展的一种传统与潮流。多版别化是学术期刊发展的重要方向，不仅给刊物带来了良好的经济效益和社会效益，还深刻地影响着学术期刊的利用与评价。

（三）学术期刊的主要作用

1. 学术期刊可以传播科学文化知识

从学术期刊产生与发展的历史来看，学术期刊是一种极其重要的文献，是人类知识、信息的主要传播载体之一，是不可或缺的知识源、信息源与情报源。因此，传播科学文化知识成为学术期刊的首要功能，发挥着其他类型文献难以替代的重要作用。

伴随编辑出版技术的不断提高，学术期刊的载体形态不断发生变革，从纸质期刊到电子期刊再到数字化期刊，学术期刊的知识信息呈现出载体复合化、信息集成化、传播海量化、利用互动化等诸多新的特征，极大地丰富和拓展了学术期刊的内涵、属性与功用，为传播科学文化知识做出了新的贡献。

2. 学术期刊满足文献收藏需要

学术期刊的收藏，是各级各类高校图书馆、资料室等文献收藏机构的主要职责和任务。收藏学术期刊可以满足读者情报信息获取的需求，有效地保存人类的科学文化文献和知识。

学术期刊成为高校图书馆馆藏文献的主要组成部分，其收藏的种类、数量、质量及开发利用的水平往往能够成为高校及高校图书馆的地位和学术水平的一种象征。国内部分院校收藏了大量国内外顶尖学术期刊，使读者能够通过阅览了解国际前沿的学术发展信息，从事科学研究。

3. 学术期刊为读者提供阅览文本

学术期刊是重要的文献形式，无论是纸质期刊，还是电子、数字化期刊，因其情报价值高、信息量大的特点，备受科研工作者的重视与欢迎。

与图书相比，学术期刊发表文章周期相对较短、时效性强，一般登载学科与专业最新、最前沿的知识信息，更新速度快、权威性强。因此，以学术期刊为主体的学术文献成为高等院校及其他科学研究机构的主要资料来源。

4. 学术期刊为科研成果提供展示平台

学术期刊是学术论文、研究报告等学术文章的主要载体。由于国内绝大多数高等院校、科研院所等机构和组织进行学术成果评价时，都以学术期刊作为重要的依据，并对其规定了相应的指标，使得学术期刊成为科研工作者发表科研成果的首要选择。相对于出版图书而言，学术期刊发表学术成果时间更快。期刊出版周期一般多则一年，少则一周，使得科研成果能够在较短的时间内公之于世，研究者的科研劳动成果能够尽快得到体现和认可。

5. 学术期刊为科研业绩评定提供依据

学术期刊的创办必须具备相应的资格条件，严格按照规定的程序进行审批与编辑出版。科研成果都要经过编辑、评委的严格评审和精心修改，获得最终通过，才能予以发表。因此，学术期刊具有一定的学术评价力和学术公信力，这就在客观上为科研成果评价提供了一定的依据。特别是由于各种学术期刊评价成果的产生，提高了对学术期刊评价的要求，使得学术期刊评价日益受到高等院校、科研院所的重视。

目前，几乎每所高校对学术期刊都规定了相应的类别、级别、等级，科研工作者发表研究成果，往往都是依从这些规定，选择合适的刊物投稿与发表文章，以满足获得学位、晋升职称、完成科研工作量等要求。因此，学术期刊评价成为学术研究和科研管理的一项重要任务。

二、学术期刊管理的基本内容

（一）学术期刊管理的价值和意义

1. 学术期刊管理是必要的

学术期刊服务是高校图书馆期刊服务的重要组成部分，学术期刊面对的是读者中的高端群体，他们的知识信息需求量大、层次高，对高校图书馆的服务要求比非学术性期刊要高得多。因此，高校图书馆必须重视学术期刊的管理，强化学术期刊的服务工作。

2. 学术期刊管理是可行的

学术期刊管理是建立在高校图书馆期刊管理基础之上的，高校图书馆多年的发展已经为学术期刊的管理打下了良好的基础。每所高校图书馆都有相对完善的管理制度，有比较稳定且水平逐步提高的管理与服务队伍，有比较有效的管理机制，受到领导和读者的重视，政策上也给予很大的倾斜。这些都使得学术期刊的管理成为可能，为学术期刊的管理创造了有利的条件。

3. 学术期刊管理具有重要的意义

学术期刊管理，有利于高校图书馆更有效、更便捷地为读者服务，提高高校图书馆的服务质量和水平，提升高校图书馆在高校发展中的战略地位和作用；有利于读者更好地利用期刊资源，提高其学术水平和科研能力；有利于高校图书馆期刊的分层管理与分类服务，为整个高校图书馆文献服务的改革提供经验；有利于学术期刊与其他类型的文献资源的整合与服务合作，加速高校图书馆向以学科专业为导向的服务模式的转变，全面提高高校图书馆文献服务的水平与效率。

（二）学术期刊管理的构成要素

学术期刊管理是指高校图书馆利用一定的组织机构和职能部门，对学术期刊的采访、编目、典藏、阅览、开发、研究等各个业务环节及期刊服务人员、服务规章、服务流程、服务职责、服务成效等的政务环节进行管理的活动。

1. 业务管理

学术期刊的业务管理主要是对学术期刊的采访、编目、加工、典藏、阅览、咨询、研究等具体业务进行管理。具体内容包括建立规章制度、制订工作计划、确定岗位职责与工作细则、安排岗位人员、履行岗位职责、指导开展工作等。

2. 政务管理

政务管理是指学术期刊日常的行政管理。《普通高等学校高校图书馆规程》第十六条明确规定："高等学校图书馆实行校（院）长领导下的馆长负责制。"在此原则下，高校图书馆建立了一套完整的行政管理组织体系，该管理体系的上级行政领导依次是馆长、分管期刊工作的副馆长。

政务管理的机构一般是期刊部。有些学校高校图书馆设立报刊部或者阅览部作为高校图书馆期刊部的二级机构，负责人为部主任，有些规模较大的学校高校图书馆还设置副主任若干名。政务管理的另一项重要职责是设置职能岗位。根据高校图书馆学术期刊服务的现状，目前多数高校图书馆都设置了期刊阅览室，有些高校图书馆还设置了期刊咨询室、期刊开发室、期刊研究室等。期刊部及各岗位负责整个学术期刊的管理与服务工作。

就两种管理的关系来看，学术期刊的政务管理是业务管理的前提和保障，业务管理必须建立在一定的组织机构和职能岗位的基础之上，否则业务管理则无法落实与开展。同时，业务管理是政务管理目标的具体化和实际化，即通过具体业务的开展，实现既定的管理目标，完成既定的发展任务，推进期刊工作质量的不断提高与完善。从高校图书馆学术期刊工作的实际情况来看，通常情况下业务管理处于主导地位，政务管理主要为业务管理创造条件，并融于日常的业务工作之中。因此，政务管理往往易于被忽视或者淡化，直接影响业务工作效率。

（三）学术期刊管理的基本要求

通过对学术期刊管理要素的分析可知，学术期刊管理是集政务管理与业务管理于一身的综合性管理。因此，这种管理具有一定的复杂性，必须符合如下的基本要求。

1. 依法管理

高校学术期刊管理部门是高校图书馆的重要组织机构，其合法性由高校的合法地位决定，这是高校图书馆学术期刊管理合法性的基础。在此基础上，高校学术期刊管理还要依法进行全面管理。就相关性而言，这里的"法"既包括我国有关高等院校管理的法律、法规，也包括那些具有一定法律效力和行政约束力的规范性文件。

此外，各高等院校及其高校图书馆还根据自身发展需要制定了相关的规章制度，这些制度均具有行政约束力，对高校图书馆期刊工作有直接的规范作用。这些法律、法规及规章制度有效地规范了高校图书馆学术期刊的管理，保证高校图书馆正常地履行服务职责，保障读者的合法阅览权利，能够有效地防范违规违纪行为的发生，确保期刊工作、期刊资源、馆舍设施、工作人员、读者人身等的安全，优化服务环境，提高服务质量。

2. 制定管理规则

学术期刊的管理必须依据相关规则加以贯彻落实。

第一，应该建立完备的规章制度。《普通高等学校图书馆评估指标（征求意见稿）》在其一级指标"E科学管理"中，特设"E1规章制度"作为首个二级指标，其三级指标分别为"E11业务规章制度、E12服务规章制度、E13管理规章制度"，均要求"有完备成文的规章制度（40分），每年修订更新（30分），定期检查执行情况（30分）"。因此，高校图书馆学术期刊管理应该建立业务规章制度、服务规章制度、管理规章制度等三项管理制度。具体地说，学术期刊管理的业务规章制度包括学术期刊的采访制度、学术期刊的著录制度、学术期刊的加工制度、学术期刊的典藏制度、学术期刊的交流合作制度、学术期刊的研究制度等；服务规章制度包括学术期刊的阅览制度、学术期刊的参考咨询制度、学术期刊的社会化服务制度等；管理规章制度包括学术期刊的岗位制度、学术期刊服务人员的管理制度、学术期刊工作的奖惩制度等。这些制度必须完备成文、张榜公示，置于学术期刊工作的各个岗位，以便期刊工作人员遵照执行，指导和规范学术期刊工作。

第二，制定操作性和指导性强的工作细则。针对学术期刊管理制度的每个环节，制定相应的工作细则，具体地指导与规范每项工作，如《学术期刊的采访细则》《学术期刊的著录细则》《学术期刊的阅览细则》等。实践证明，在学术期刊的管理过程中，管理规章往往比较宏观笼统，一般起到统御的作用，对于具体业务环节，必须用工作细则来加以指导。目前，高校图书馆学术期刊管理一般都包含管理规章和工作细则两个方面。事实证明，学术期刊的微观管理更为重要，不仅体现在工作的需要，而且能够突出工作的水平和成效。例如，在高校图书馆过期学术期刊加工中，对于封面的要求就必须明确细致地加以规定，根据高校图书馆具体情况，制定出最佳的装订细则，给出比较科学的技术参数，以使过期期刊，以下简称"过刊"装订符合本馆典藏、排架与阅览的要求。

3. 建立有效的管理机制（体制）

管理机制又称管理体制，是学术期刊管理的有效落实。学术期刊的管理最终要依靠工作人员去贯彻执行。期刊工作人员必须科学合理地置身于一定的体制内，配置在相应的工作岗位上，才能恰当地履行职责，完成既定的工作任务。同时，具体的学术期刊管理必须按照一定的程序进行，遵循相应的工作规律，在规定的时间内按照规定的工作量履行职责。

具体而言，高校图书馆学术期刊管理机制包括。①领导机制。确定领导者，采用正确的领导方式，实施具体的领导职责。②用人机制。确定用人标准和岗位人员，对员工进行指导、培训、考核、奖惩。③工作机制。确定岗位职数及其具体职责，采用正确的工作方式与方法，对岗位业绩进行检查、鉴定、评价和奖惩。这三种机制相互联系、密不可分。领导机制是主导和核心，决定着用人机制和工作机制的正常运行，而用人机制和工作机制将领导机制的职能具体化，确保领导职能的顺利实现，以实现工作目标、完成工作任务。

（四）学术期刊管理的条件分析

学术期刊管理是高校图书馆期刊管理的主要任务，也是决定高校图书馆期刊服务质量与服务水平的重要条件。因此，学术期刊管理是高校图书馆的一种较高层次的管理。做好学术期刊管理，必须具备如下的条件。

1. 领导条件

如前所述，学术期刊管理分为政务管理和业务管理两个方面，涉及面较广，内容非常细致复杂。根据高校图书馆学术期刊管理的实践经验，高校图书馆领导和院校有关领导的重视与支持是学术期刊有效管理的重要条件。这包括对期刊部全体人员的信任，为期刊部配备必要的人员和设备，加大学术期刊文献资源建设的力度，支持学术期刊的深度服务、开发、研究，加强对学术期刊工作人员的奖惩，等等。

可以说，如果得不到领导的重视和支持，学术期刊管理工作将举步维艰，难以履行正常的服务职责。

2. 人员素质条件

人员素质条件是做好学术期刊管理与服务的关键因素。该条件要求期刊部门领导、技术岗位人员必须具有高校图书馆学、情报学、新闻出版学等多种学科专业背景，具有多年从事期刊工作的经历和经验。学术期刊学科性、专业性、学术性强，与非学术性期刊相比，在编辑、出版、发行等方面存在着很大的差异。因此，馆藏学术期刊的加工、利用比非学术性期刊要复杂艰深得多。这就要求工作人员必须具备一定的学科专业知识和技能，以便顺利地解决工作中遇到的困难和问题，更好地胜任工作。现在，许多高校图书馆都实行学科馆员制，其中学术期刊馆员也是非常重要的。他们在高校图书馆期刊服务中具有重要的地位和作用，尤其是在参考咨询、定题服务、跟踪服务、馆际合作、学术研究中发挥着重要作用。

具体而言，学术期刊工作人员应该具备的素质有：熟谙全馆学术期刊的种类、数量、结构、比例；能够胜任若干个学科的学术期刊管理与服务工作；能够依据相关的学术期刊评价成果与要求，适当地对学术期刊进行评价，确定适合本校读者的各层次学术期刊的种类、数量、比例，为读者提供学术期刊的文献保障；能够较快地为读者查找到学术期刊，或者为读者提供有效的查询方法，帮助读者找到需要的信息；能够娴熟地使用计算机互联网络等设备，从事学术期刊的管理与服务工作；能够独立地或者合作地开展学术期刊的研究，以研究来提高学术期刊服务的质量和水平，推动学术期刊工作的长足发展。

3. 资源与技术条件

充足的学术期刊资源是学术期刊管理与服务的基础、条件与保障。首先，必须订购一定数量的纸质期刊。其次，订购期刊数据库。一般高校图书馆都具有中国期刊全文数据库、万方数据等读者常用的期刊数据库。在学术期刊资源数据化的形势下，为了做好学术期刊的服务工作，就必须具备一定的技术条件，使得高校图书馆学术期刊工作人员能够娴熟地使用先进的设备查检处理信息，为读者提供高效率的服务。

4. 馆舍与设备条件

学术期刊是一种小众化传播的期刊，专业界限一般比较清晰，所以对读者的区分度比较高。一般情况下，具体学科专业的读者对本学科专业的学术期刊的认同感、归属感比较强。这样，他们对学术期刊的专业化服务要求就比较高，其表现之一就是要求高校图书馆开辟学科专业学术期刊阅览室，如化学期刊阅览室、物理期刊阅览室、计算机期刊阅览室等。这就要求高校图书馆能够提供必要的阅览馆舍，供专业学术期刊的区分与陈列。这种划分对读者阅览比较有利，特别是对少数专业面较窄、专业研究比较专深的读者来说更为方便。但同时，也给高校图书馆工作增添了复杂性和馆舍的压力。因此，这种专业学术期刊阅览室的设置对高校图书馆学术期刊工作是一种更高的要求与挑战。

同时，学术期刊服务的设备条件也十分重要，学术期刊阅览室必须具有充足的阅览桌椅，《普通高等学校图书馆评估指标》规定普通本科院校高校图书馆阅览座位与学生数之比为1∶4，适当配置计算机检索终端、打印机、复印机等设备，以尽可能满足读者的查询与获取学术信息的要求。

三、学术期刊管理的主要模式

（一）学术期刊政务管理模式

目前，高校图书馆学术期刊管理实行馆长领导下的部主任负责制。在此行政管理体制下，部主任直接或者间接地对本部门各岗位实行管理，其模式分为层级式和扁平式两种。

1. 层级式管理

层级式管理是组织管理的一种传统的、常规的管理模式。在高校图书馆学术期刊管理中，层级式管理由"部主任→副主任→各岗位人员"三个层次组成。目前，这种管理主要分布在多院校合并的高校图书馆，即一校多馆或者总分馆。[①] 在此情况下，通常将原先各个高校图书馆的期刊部（报刊部）、期刊阅览部等整合设置为一个大的期刊阅览服务部门。鉴于工作的需要，一般任命一名部主任，再配置若干名副主任。部主任直接领导副主任，副主任再对各自分管的工作岗位进行管理。将工作职责、任务分为三个层次逐级逐岗加以贯彻落实。

层级式管理模式的优点在于岗位职责划分明确细致、层级分明、界限清晰，便于贯彻执行。其缺点在于部主任不直接对各个业务岗位和人员进行管理，而是通过对副主任的管理来实施对各个岗位和人员的管理。副主任成为部主任实行管理的中间环节，如果副主任不能正常地履行职责，就会严重削弱部主任的管理职责，直接影响部主任的管理成效和期刊部工作的质量。同时，这种管理也因其层级分明、具有一定等级的特性，如果处理不当，可能会滋生官僚主义作风，影响干群关系。当然，就高校图书馆学术期刊管理的现状来看，这种管理模式总体上

---

① 事实上，多个高校图书馆合并成一个高校图书馆（多馆制），或者由一个主馆和几个分馆组成（主分馆制），总体上仍然属于一个高校图书馆。

利远远大于弊，是一种较为有效率的管理模式。

2. 扁平式管理

简单地说，高校图书馆学术期刊的扁平式管理模式是一种点对点的管理模式。在这种模式中，没有副主任这一中间环节，部主任直接管理各个工作岗位，执行上级领导的指示，指导岗位人员的工作。这种模式是一校制院校高校图书馆的传统管理模式，在高校图书馆中占大多数。在此模式中，部主任不仅是领导者，同时也是业务工作的指导者和服务者。从高校图书馆的实际工作情况来看，部主任基本上都从事具体的业务工作，如期刊采访、编目、阅览、咨询、研究等。作为部主任，除了常规地接待读者、加工期刊等工作外，还应该注重学术期刊资源建设、学术期刊开发研究、学术期刊交流合作等深层次的工作，以突出部主任的专业技术岗位价值和领导者的水平，发挥引领期刊部提升学术期刊服务整体水平与质量的作用。

扁平式管理模式的优点在于没有副主任这一中间环节的影响，有利于部主任对本部门各个工作岗位和个人的直接管理，政令畅通，监管和指导易于到位，可以有效地提高工作效率。其缺点在于对部主任的个人修养和业务素质依赖度过大。如果部主任不能胜任领导与管理工作，将对整个部门造成难以估量的损失，甚至直接导致本部门工作的失败。因此，增强部主任的胜任力是这一模式成功运行的关键。

综上所述，高校图书馆学术期刊的层级式管理模式和扁平式管理模式各有利弊。在高校图书馆学术期刊管理与服务过程中，应该注意扬长避短，发挥自身的管理优势，努力克服管理中的缺陷与不足，使管理水平日臻完善，更好地完成本职工作。

（二）学术期刊业务管理模式

由于各高校图书馆的馆舍条件、服务要求、人员素质、设备技术等情况不同，其学术期刊业务管理模式也不尽相同。目前，主要的业务管理模式有以下几种。

1. 期刊综合型

期刊综合型主要是学术期刊与非学术期刊同列一室，这是传统的综合性阅览模式。这种管理模式，便于读者广泛地利用各种期刊，能够方便地从不同的专业期刊中获取知识和信息，集阅读、娱乐、休闲等于一身，深受读者欢迎。其不足之处在于，学术期刊与非学术期刊同处一室，容易造成期刊乱架、错位等现象。而且进行学术性阅读的读者可能会受到非学术性阅读的读者的干扰，影响他们来阅览室研读的积极性。这种情况在某些高校图书馆已经显现，部分教师对与学生同室阅览表现出抵触情绪。例如，部分院校高校图书馆为了减少重复订购期刊而造成的"经费浪费"和"刊架浪费"情况，将教师阅览室与学生阅览室合并一室，结果教师意见很大，不愿意到阅览室和学生挤在一起看杂志。为了克服这样的问题，有些高校图书馆就在综合阅览室里再开辟出教师阅览空间，供教师研读使用。

期刊综合型是一种传统的期刊业务管理模式，基本上属于一种比较简单的服务形式，着重期刊的上架、整架及简单咨询等工作，通常由一般工作人员负责具体岗位工作，服务的层次和质量一般。

2. 报刊混合型

报刊混合型是将学术期刊与部分专业报纸放在同一个阅览室里，这种报刊混合型业务管理模式便于读者充分地利用学术期刊和报纸资源，更好地发挥两种文献的综合效益。由于学术期刊和报纸的编辑出版等形式不同，在报刊混合型的管理模式中，应该采取不同的管理方式进行管理。例如，期刊和报纸过期下架后，就必须分别存放，按照不同的技术要求加工装订。

3. 学科专业型

学科专业型是按照学科专业进行学术期刊布局与服务。这种管理模式主要适用于馆舍面积大、部室分割多、专业读者分化明显的综合性大学高校图书馆，其一般表现形式为学术期刊按照专业分别陈列于若干个阅览室，各阅览室由学科馆员负责。这种分室型的模式主要针对国内外部分著名（知名）学者和学科带头人，便于这些专业读者阅览学术期刊，为他们的科研工作创造便利条件。同时，也便于工作人员管理期刊，有利于对期刊进行深层次的开发、研究和建设。由于其对高校图书馆的馆舍、人员、技术设备等有一定的要求，并在一定程度上限制了其他非本专业人员的阅览，因此在大多数高校图书馆未能得到普遍推广。

4. 现过刊藏阅一体型

现过刊藏阅一体型是将学术期刊的现刊和过刊放置于同一个阅览室，这种模式要求藏阅的阅览室比较大，藏阅的专业性比较高。同时，现刊阅览和过刊收藏都会因为馆舍局限而受到制约，无法满足大量学术期刊的藏阅需求。这种现过刊藏阅一体型的业务管理模式在高校图书馆并不普遍。这种模式可以进行变化，如将若干种学术期刊的现过刊同列一室，分成若干个阅览室，边缘性、交叉性、综合性的学术期刊则可以放在综合性的期刊阅览室进行管理。这对于工作人员管理专业学术期刊比较有利。

5. 书刊藏阅一体型

书刊藏阅一体型是为满足读者需求而开展的一种特色化的学术文献利用模式。围绕学科专业，选择相应的学术期刊和著作，放置在同一个阅览室供读者阅览使用。这种模式为部分读者查阅专业学术文献提供了方便，但相对于数量有限且订阅比较固定的学术期刊来说，学术著作的品种、数量都非常有限，且不易符合读者的要求。解决此问题的有效方法是可以提供与学术期刊对应的学科专业图书书目，包括本馆馆藏目录、其他高校图书馆馆藏目录及出版社出版目录供读者参考利用。学术期刊和学术著作是高校图书馆的两大主要文献，书刊藏阅一体型作为一种服务创新，无疑具有广阔的应用前景。

6. 纸刊与电子、数字化期刊一体型

纸刊与电子、数字化期刊一体型是将纸质学术期刊与电子、数字化期刊（主要是期刊数据库）放置于同一个阅览室，构建复合型的阅览室，是学术期刊业务管理的一种崭新模式。这种模式能够充分发挥读者利用多种媒介学术期刊的综合效益。实践证明，这种模式是一种比较有效、深受读者喜欢的管理形式。尤其是包括大量学术期刊在内的国内外期刊数据库、网络学术期刊、在线期刊等数字化期刊资源，可以方便读者快捷地查检到自己所需要的文献信息，扩大纸质学术期刊的使用范围，拓展纸质学术期刊的利用渠道，提高纸质期刊的使用效率。

7. 采访、加工、阅览一体型

采访、加工、阅览一体型是将学术期刊的采访、加工、阅览等业务集中于一个阅览室进行的模式，这种模式存在于小型高校图书馆或者分工明确、人员配置有限的高校图书馆。此模式使得所有参与者都能比较熟练地掌握各个环节的工作，成为一专多能的业务好手。这种管理模式对期刊工作人员的身体素质和业务素质要求较高，工作强度较大，但有利于培养学术期刊工作的多面手，提高工作人员的综合素养。

8. 跨部门合作型

跨部门合作型是将期刊部的纸质学术期刊与技术部（阅览部、资源部等）的电子、数字化期刊数据库整合在一起的管理模式。在某些高校图书馆，纸质学术期刊归期刊部管理，而电子、数字化学术期刊却归技术部（信息部等）管理，这种管理造成了学术期刊利用上的分离，给读者阅览使用带来了很大的不便。在信息技术不断发展的形势下，这种落后的管理方式应该予以改革，将它们整合成复合型的期刊阅览室。如果一时难以改变部门的设置，也应该设法将电子、数字化期刊资源与纸质期刊资源链接与匹配，完善纸质学术期刊资源的应用功能，更好地为读者服务。

在上述八种学术期刊业务管理模式中，前六种是学术期刊资源布局的管理形式，后两种是学术期刊工作方式的管理形式。这其中，"期刊综合型"与"报刊混合型"是两种最传统、最常见的管理类型；"现过刊藏阅一体型""书刊藏阅一体型""纸刊与电子、数字化期刊一体型""学科专业型"是提高学术期刊服务质量与水平的创新型管理模式，体现了先进的管理理念和鲜明的时代特色，在高校图书馆学术期刊管理中不断被采用且有所创新；"采访、加工、阅览一体型""跨部门合作型"是高校图书馆学术期刊管理工作协作乃至整合的管理模式，这两种类型是高校图书馆管理体制创新的产物，能够有效地提高学术期刊的管理效率和服务水平，拓展学术期刊的服务功能。

四、学术期刊管理的成效分析

高校图书馆学术期刊管理旨在建立优质学术资源和服务环境，为读者提供良好的信息服务。因此，管理的成效直接决定着期刊工作的成败，是期刊工作中必须面对且不易把握的重要环节。

（一）学术期刊管理成效的特征

学术期刊管理成效是指通过行政管理和业务管理完成既定的工作任务所取得的社会效益和经济效益，是高校图书馆工作效益的重要组成部分。这种成效具有显性与隐性的双重特征。

显性成效是指学术期刊管理部门和管理者（含服务者）完成的既定的工作任务，如学术期刊资源建设的成果、学术期刊阅览量、对外交流与合作的收益等。

隐性成效则指学术期刊管理显性成效以外的收益，如读者阅览学术期刊的收获、学术期刊资源建设的持续累积效益、学术期刊在高校图书馆资源建设与服务中的作用等。

比较而言，学术期刊管理的显性成效具有显在、公开、易见、可考量、可比较等特征，是能够进行量化等有效管理的；而隐性成效则有着隐蔽、模糊、间接、抽象、不可比、难测度等特性，往往成为学术期刊管理的盲区与难点，制约着管理成效的发挥，影响着学术期刊管理向更高、更专、更深的层次发展。因此要想提高学术期刊管理的成效，不仅应该重视显性成效的形成，同时，也要关注隐性成效的形成及发展，努力提高学术期刊管理的综合效益。

（二）学术期刊管理成效的形成途径

1. 行政管理

行政管理是高校图书馆学术期刊管理的前提和保证，直接决定着学术期刊管理的效益。高校图书馆学术期刊行政管理成效是指高校图书馆学术期刊部门负责人利用行政职权，按照相关法规和学校、高校图书馆的规章制度要求，正确行使职责，完成上级部署的人员管理、业务管理工作任务所取得的工作效益、社会效益和经济效益。这种管理效益主要体现在部门人员管理和业务管理两个方面。

第一，设置岗位与职数，合理配置人员。确定部门岗位数量，合理地分配工作人员到各个工作岗位，实现定编定岗。高校扩招以来，高校图书馆接待的读者数量逐年增加，学术期刊服务对象随之大量增加，期刊服务人员也相应地增加。目前，高校图书馆学术期刊工作人员主要分为正式与非正式两类。正式人员是指通过大学毕业分配、工作调动等方式获得正式工作的人员，这些人员中相当一部分是具有一定学历、学位的不同专业出身的人员，其中不少人员具有高校图书馆相关专业技术职称。作为专业技术人员，他们是履行学术期刊服务职责的主要群体，在学术期刊服务中发挥着重要的作用。非正式人员包括教职工的家属、子女及其他社会聘用人员、勤工助学学生等，能够有效地弥补正式工作人员数量不足的缺陷，缓解高校图书馆期刊工作的压力，促进期刊部门顺利地完成工作任务。

第二，明确岗位职责，合理分工。正式人员的主要职责有期刊的订购、加工、阅览、咨询、学术研究、共建共享等。非正式人员在高校图书馆学术期刊服务中多从事一些辅助性工作，如收发搬运杂志、给杂志加盖馆藏章、登记、上架、下架、整理、捆扎登记、打扫卫生、协助阅览等。从高校图书馆期刊工作的实际情况来看，期刊服务人员应该分为专业技术人员和一般的工勤人员履行职责比较合理。专业技术人员主要从事上述的主要工作，而一般的工勤人员则主要从事上述的辅助性工作。

第三，加强指导与监督，奖惩分明。学术期刊管理效益的产生，依赖于期刊管理者的科学指导、严格监督和有效奖惩。由于学术期刊的种类变化比较多、学术质量与学术水平差距较大，使得学术期刊服务工作面临的问题比较多，尤其是期刊的多版别化等问题不断出现，使得学术期刊的服务工作变得日趋复杂，往往令人难以适应。因此，高校图书馆学术期刊工作的专家、学者应该发挥自己的专长，深入开展研究，致力于解决工作中的实际问题，并积极指导非专业技术人员开展工作。同时，部主任应该加强工作的监督、检查与考核，及时发现工作中存在的问题，纠正不良的工作态度与行为，针对具体表现给以必要的奖惩，以防微杜渐。从高校图书馆学术期刊服务工作的现状来看，期刊馆员多年从事单一化的工作，工作期望值不高，易于导致工作人员产生职业倦怠，服务热情产生波动，服务质量下降，这些都需要部门加强引导和监督，尽力解决工作中的实际问题，充分调动工作人员的积极性。

2. 业务管理

业务管理是对学术期刊服务性工作之外的具体工作的管理，主要包括建立学术期刊业务规章制度和具体的执行措施。

学术期刊业务规章制度主要通过制定学术期刊的采访规则、学术期刊的收发登记规则、学术期刊过刊加工装订规则、学术期刊的开发规则、学术期刊的共建共享规则、学术期刊的研究规则，以及各项规则的执行细则（即工作细则）建立起来的。

上述规则一般是原则性的，主要用以确定某一类别工作的方向、范围、要求、奖惩等，而细则是在规则的基础上进一步对某项具体工作进行规范与指导。在高校图书馆学术期刊业务管理中，通常规则用于宏观性指导与规范，落脚于一类问题，而细则则用于微观性指导与规范，着重于可操作和易执行。从学术期刊业务管理的规则与细则制定的情况来看，某些高校图书馆只制定了业务规则，缺乏必要的工作细则，使得在学术期刊业务管理工作中出现了许多管理真空，造成工作疏漏，无法实施有效的监管、考核与奖惩。某些高校图书馆采取了较为灵活的措施，对于学术期刊采访、加工等宏观性与微观性兼备的工作，既制定业务规则，又制定执行细则，使得管理周密，工作易于遵照执行，而较简单的操作性强的工作，则只制定工作细则，如《学术期刊登记细则》。在实际工作中，制定学术期刊业务管理工作细则往往更为重要，对学术期刊工作人员的指导性更强，能够有效地指导和规范他们的工作，这对提高管理成效非常必要。

3. 服务管理

学术期刊的服务是指为读者提供的阅览、咨询、资料获取等服务，这与上述业务管理有着一定的区别。业务管理主要指学术期刊的资源建设、开发与研究，不直接与读者打交道，但工作的根本目的还是向读者提供优质的学术期刊资源；学术期刊服务则是在前者的基础上，向读者提供充分有效的服务。学术期刊服务是对学术期刊资源建设的利用及其成效的检验，是高校图书馆学术期刊工作的窗口，直接决定着学术期刊工作的成败。

学术期刊的服务管理，依赖于学术期刊服务规章制度。学术期刊的阅览、参考咨询、资源共享、定题服务等是学术期刊服务的主要形式，其主要目的是向读者提供充分的学术期刊资源，使读者及时、有效地获得所需的知识和信息。因此，学术期刊服务规章制度主要围绕这些服务类型，制定有关的工作规则与细则。目前，学术期刊的服务管理规则包括学术期刊的阅览规则、学术期刊的参考咨询规则、学术期刊的资源共享规则。在学术期刊实际工作中，这些服务规则主要是做出原则性的规定，一般每个规则都比较简洁，往往显得空洞浮泛，对实际工作指导性不强。因此，必须针对这些工作规则制定相应的工作细则。在学术期刊服务中，随时都会遇到新的问题，针对出现的问题，必须采取适当的措施及时解决，这时通常要借助工作细则来参考执行。

第二节 高校图书馆学术期刊资源的管理

一、对学术期刊资源的理解

（一）学术期刊资源的内涵

资源[①]通常指一个国家、地区、单位、部门内拥有的物力、财力、人力等各种物质要素的总称。

资源分为自然资源和社会资源两大类。前者包括阳光、空气、水、土地、森林、草原、动物、矿藏等，后者包括人力资源、信息资源及经过劳动创造的各种物质财富。当人类需要时，资源就成为一种财富。因此，人类社会产生后，从其本质上来说，资源便成为人的劳动与自然界相互作用的产物。

由此可见，资源指的是一切可被人类开发和利用的物质、能量和信息的总称，它广泛地存在于自然界和人类社会中，是一种自然存在物或能够给人类带来价值的财富。或者说，资源就是指自然界和人类社会中一种可以用以创造物质财富和精神财富的具有一定量的积累的客观存在形态，如土地资源、矿产资源、森林资源、海洋资源、石油资源、人力资源、信息资源等。资源是一切可被人类开发和利用的客观存在。

根据上述资源的含义，高校图书馆学术期刊资源可理解为：高校图书馆利用人力、物力、财力和技术手段，经过多年建设积累起来的供广大读者阅览使用的形态多样的学术性期刊文献及其信息。

高校图书馆的学术期刊资源建设，是一个资源认证、建设、利用、积累与不断优化的过程。馆藏学术期刊资源既具有社会资源的一般属性，同时也具有其特殊属性。研究其属性特征、建设方法、学术研究等，对于高校图书馆学术期刊资源建设和开发利用，具有重要的价值和意义。

---

① 资源，顾名思义是指生产资料或生活资料等的来源。

（二）学术期刊的资源观解读

1. 学术期刊资源的系统观

学术期刊资源是高校图书馆整个文献资源系统的重要组成部分，在文献资源建设、管理、服务中具有重要的地位。学术期刊资源的建设、开发、利用与图书等其他类型资源紧密联系，只有它们互相协调与配合，才能发挥高校图书馆文献资源的整体效应。同时，学术期刊资源自身也形成一个不断发展与更新的系统。就某一所高校图书馆而言，其馆藏学术期刊的种类、数量、专业、学科、配置、布局等，共同构成了学术期刊资源系统。在该系统中，各个组成要素密切关联、互生共长，形成一个不断生长的有机体。该系统的建设状况，直接决定了馆藏学术期刊资源建设质量和读者阅览保障率。因此，必须从总体上把握整个学术期刊资源建设，谋求学术期刊资源建设的不断优化与飞跃式发展，以发挥其更大的效用。

2. 学术期刊资源的辩证观

随着先进科学技术的不断应用、学术期刊出版的深刻变革及读者利用学术期刊的多元化，学术期刊作为一种文献信息资源不断更新，呈现出各种矛盾关系，处于一种动态发展与平衡之中。因此，高校图书馆学术期刊资源建设者、服务者、读者都应该树立辩证观，科学地应对学术期刊的资源管理。

（1）学术期刊资源的有限性与无限性

由于受到高校资金、馆舍、学术期刊出版、高校图书馆技术设备、人力资源、专业学科、读者需求等诸多因素的限制，学术期刊资源在一定的时空内是有限的。高校图书馆不可能也没有必要将所有的学术期刊资源都采集到并加以利用，这样就不可避免地使一定数量的读者难以获得自己所需的学术期刊。因为读者对知识、信息的需求是无限的，高校图书馆不可能完全满足每一位读者的每一个需求。这样，就产生高校图书馆学术期刊资源有效供给与读者无限需求的矛盾。尽管如此，高校图书馆及其读者对学术期刊资源的开发利用是无限的，可以充分发挥各自的主观能动性，尽可能利用现有的学术期刊文献、设备、技术、人员等条件，满足读者对学术期刊知识信息获取的需求。这样又使得学术期刊资源呈现出永不枯竭的发展态势，可以不断地被开发利用，呈现出永恒的生命力。因此，在学术期刊资源的建设与利用上,既要充满信心,相信必然有学术期刊可资利用,也要力戒盲目乐观、故步自封,不断地优化与完善学术期刊资源及其服务,使学术期刊发挥应有的价值。

(2)学术期刊资源的多与少

由于学术期刊的种类、数量与高校设置的专业及学科密切关联,因此读者对于学术期刊的需求各不相同、参差不齐,这样就使得馆藏学术期刊资源存在着种类的多与少、质量的高与低的矛盾。什么样的学术期刊资源、多大量的学术期刊资源才能满足读者的不时之需?这是长期困扰高校图书馆与读者、难以也不可能彻底解决的问题。由于受到多种因素的制约,在实际工作中常常出现读者觉得自己所需专业学术期刊偏少的情况,而高校图书馆又无法满足每个专业读者对学术期刊的需求。事实上,学术期刊资源建设与服务,必须依据学校、读者、馆情等具体情况来决定。在学术期刊资源配置与布局的博弈中,高校图书馆与读者不断地进行着协调。从根本上来说,学术期刊种类的多与少仅是表面上的问题,学术期刊的生命力,最终要取决于刊物的学术质量。就学术期刊评价而言,根据著名的"二八定律",通常情况下,专业学术期刊中高质量的学术文章集中发表在20%的学术期刊中,而一般水平的论文则发表在80%的学术期刊中,前者一般被视为高学术水平与质量的学术期刊,后者则被认为是一般的学术期刊。我国的核心期刊、中文社会科学引文索引来源期刊、RCCSE中国权威(核心)期刊等学术期刊评价成果,都说明了学术期刊质量与种类的关系。因此,学术期刊资源的多与少的矛盾,应该依据学术期刊的学术质量来加以妥善解决,充分地开发利用学术期刊和深入地挖掘学术期刊潜力,这样才能发挥其更大的功用。

(3)资源的有效性与危害性

高校图书馆进行学术期刊资源建设的根本宗旨是供读者使用、为读者服务。因此,从理论上说高校图书馆的学术期刊资源应该是有价值的、实用的和适用的,即具有有效性。一方面,当学术期刊资源为读者有效利用时,就发挥出了其使用价值,体现出其效用;另一方面,任何事物的物理存在都需要一定的时空维度。作为人类科学、文化、教育活动典型产物的高校图书馆期刊资源,其建设必须依赖于资金、馆舍、设备、技术、人力、读者等各种要素。如果不当采集与收藏,就会对这些资源造成巨大的浪费,后患无穷。近些年,高校图书馆文献的大量采集与收藏导致馆舍严重不足，不断出现新建高校图书馆、扩充馆舍的窘迫局面，这不能不引起我们的反思。应该看到，作为重要的学术信息资源，学术期刊大量低水平集聚，会对读者造成信息干扰，阻碍他们迅速有效地获取所需信息。如此看来，学术期刊资源又难免具有有害性，有时会成为高校图书馆的"废品"与"垃圾"。因此，在学术期刊资源建设中，我们应该注意趋利避害，在不断提高资源存量的同时，注重提高资源的质量，不断优化学术期刊馆藏，努力建设优质资源，为读者提供优质的服务，提升学术期刊管理的质量与水平。

3. 学术期刊资源的层级观

就某一学科、专业的学术期刊而言，办刊历史、编辑与编委的专业能力、编辑与出版的质量、读者利用程度等的不同，导致刊物存在着学术水平与质量的差异。尤其是受到国内外多种学术期刊评价成果的影响，加剧了学术期刊的分化，形成了学术期刊的级差。这样，相对于读者的认识和利用水平，学术期刊资源就有了层次之分。由于学术期刊是一种窄播化的小众期刊，所以高校图书馆在学术期刊资源的建设、开发、利用等方面应该区别对待，尽可能推行多样化、分类化的服务，以充分满足读者的需求。近些年来在部分高校图书馆建立的专业化期刊阅览室，便是这种服务的有效尝试，因其特色化服务受到读者欢迎，为高校图书馆开展学术期刊的深层次服务和多样化服务提供了成功的范例。

当前，学术期刊的级差是高校图书馆学术期刊资源建设与服务最为敏感、尖锐、突出的问题。高校等机构对科研成果评价的要求及对各种学术期刊评价成果，使此问题日趋复杂，深刻地影响着高校图书馆学术期刊管理工作，高校图书馆必须审慎以对。

4. 学术期刊资源的开放观

知识经济是世界一体化的经济，意味着人类的资源从部分地区到全球范围、从微观到宏观、从局部到整体实行着开放化，开放观因而成为社会服务者必须树立的崭新的时代理念。信息时代，知识信息的传播与利用更是超越时空，无处不在、无人不需。高校图书馆必然成为泛在化服务的公益性服务组织，高校图书馆学术期刊资源作为一种典型的公共资源，理应为全社会所利用。在高校图书馆资源共建共享蓬勃发展的形势下，学术期刊资源的开放服务成为必然。因此，树立开放观，不断开拓新的学术期刊资源，提供更新、更多、更高、更深的学术性服务，成为学术期刊工作的新使命。学术期刊资源开放，有利于区域间、行业间、校际资源的交流与互补，优化资源结构、合理配置资源、充分利用现有的资源，为读者提供更加便捷高效的服务，这应该成为高校图书馆学术期刊管理的崇高理想与追求。

5. 学术期刊资源的动态平衡观

资源动态平衡观是可持续发展的理论基础。高校图书馆学术期刊资源依据读者的利用呈现出相对平衡的状态，这种平衡随着资源互补和动态交流不断地发生着变化，学术期刊资源的组织、布局、服务等处于动态发展之中。平衡是相对的，在一定的时间和地点能够基本满足读者的需求，但从长远发展来看，学术期刊资源又处于相对短缺状态，不能完全满足所有读者的需要，必须不断地加以建设，查漏补缺，不断地提高学术期刊文献的保障率。因此，学术期刊资源建设是个循序渐进、不断优化完善的过程。

（三）学术期刊资源的鲜明特征

1. 学术性特征

与非学术性期刊资源相比，学术期刊资源的最根本特征是其学术性[①]。

在内容方面，学术期刊资源涵盖了高校的学科专业，蕴含着无限的学术信息，提供的是各个学科、专业的理论研究和实践研究的知识、经验、技术、方法等知识信息，因而对专业学科的发展具有重要的促进作用。

在资源建设形式方面，学术期刊资源的采访、著录、典藏、阅览等不仅仅是简单的业务与服务工作，同时也具有一定的学术品位，所取得的工作业绩无不烙印着学术期刊工作者学术研究的痕迹。因此，学术期刊管理是一项学术性要求很高的工作，要求期刊工作者必须潜心钻研、刻苦攻关，才能取得理想的工作成效。

2. 开放性特征

学术期刊资源是科研工作者、学术期刊编辑出版者、高校图书馆学术期刊工作者共同努力建设的成果。学术期刊作为连续出版物，其内容随着学科专业的不断深入发展也在不断发展。面向国内外开放办刊是学术期刊办刊的发展趋势，这

---

① 所谓学术，是指专门的学问。

就决定了学术期刊的开放性。因此，学术期刊资源是个开放的系统，资源建设需要不断地获取新的资源以充实完善已有的资源。鉴于学术期刊的公益性，学术期刊资源服务也应面向所有社会成员，以提高服务效益和水平。

3. 共享性特征

学术期刊资源是一种文献信息资源，是人类共同的财富，在当今知识信息海量增长的形势下，任何高校图书馆都不可能完全地拥有本校读者所需的学术期刊文献资源。为了充分保障读者获取学术期刊文献信息，满足他们对校外学术期刊资源利用的需求，高校图书馆必须加强与各级、各类高校图书馆及其他学术期刊收藏单位的业务联系，共建共享学术期刊资源。

4. 时效性特征

学术期刊是一种时效性很强的连续出版物，其时效性突出表现在所登载（含网络在线期刊）的学术文章，其展示的知识信息通常都是学科专业最前沿最新颖的，一经公开发表，就会被社会所了解和使用。随着学术期刊的不断出版更新，过期刊物中知识信息的使用价值通常会随着时间的推移而逐渐降低，人们对过期刊物的查阅使用也会逐步减少。这说明，学术期刊具有一定的时效性。因此，学术期刊资源建设必须高度重视其时效性，现刊资源必须充分利用，过刊资源也应设法提高其利用率。

5. 连续性特征

从学术期刊发展历史和自身特征来看，学术期刊都是定期或不定期连续出版，并且计划无限期地出版下去，这种连续性是学术期刊所具备的最基本的特征。这是学术期刊与作为一个专题一次性终结出版的图书出版物的根本区别所在。图书出版物一般确定一个专题，用一个题名（书名）一次性出版，以后一般不会再连续不断地用这个题名出版内容不同的出版物。学术期刊连续出版的属性特征决定着其被采购时必须逐年累积，以便保持收藏的连续完整。这样，馆藏的学术期刊资源就具有了连续性。这在纸质期刊时代表现得尤为突出，即便是当前纸质学术期刊与数字化学术期刊并存的情况下，为了满足读者的需求，馆藏必须保持连续性。当前，部分高校图书馆为了提高学术期刊资源建设的经济效益，节省费用、馆舍、人力等资源，大量增加学术期刊数据库资源，削减纸质期刊的订购量，在此情况下，必须协调好两种类型资源的关系，以确保学术期刊资源的连续性。

(四)学术期刊资源的类别划分

1. 根据学科属性划分

我国传统上将学科分为自然科学、社会科学、哲学人文科学等几大类。《中国高校图书馆分类法(第四版)》(简称《中图法》)将知识门类分为"哲学""社会科学""自然科学"三大部类,再以科学分类为基础,结合图书资料的内容和特点,将文献分为22个大类。学术期刊也是按照这样的分类标准进行划分的,只不过是分类层级相应简单一些,包括学科类别在内一般分到三级,并制定了中国高校图书馆分类法的期刊分类表。这样,学术期刊资源就可以相应地分属各个学科类别,并进行进一步的细分,如自然科学—数理科学和化学—有机化学等。这样的分类有利于学术期刊资源的组织、开发与利用。学术期刊的订购、加工、配置、阅览、开发等,都是按照学科分类有条不紊地进行的,揭示出学术期刊的学理性,使得学术期刊管理具有很强的逻辑性、系统性和科学性。因此,按照学科分类,是学术期刊管理的最根本的原理与方法。

2. 根据资源利用的可控程度划分

高校图书馆学术期刊资源的利用受到学校、读者、经费、馆舍、技术设备等多种因素的影响,资源建设与利用往往受到诸多因素的制约。在此情况下,可将其划分为专有资源和共享资源。专有资源是指高校图书馆自身拥有的学术期刊资源,为本校读者所使用。共享资源是指高校图书馆与其他高校图书馆及文献收藏单位的学术期刊资源可以互通有无,共同使用。

从高校图书馆的公益性的角度,可以认为高校图书馆的专有资源也应是共享资源,从而成为高校图书馆学术期刊资源共建共享的一种观念,深刻地影响着高校图书馆学术期刊管理工作。这种分类有利于高校图书馆不断更新学术期刊资源观,扩大资源总量,从而拓宽服务的渠道。

3. 根据资源的用途划分

根据学术期刊的功能与读者利用的情况,可将学术期刊资源分为一次文献资源、二次文献资源、三次文献资源。

一次文献资源是指由原创性学术期刊构成的学术资源,其中以学术论文为主,是读者查阅利用的最主要的信息源。

二次文献资源是指在一次文献资源基础上编制形成的关于期刊与论文的目录、索引、文摘等,如中国人民大学书报资料中心编辑出版的《人大复印报刊资料》《馆藏学术期刊目录》等。二次文献资源主要供读者查阅、检索一次文献资源,为读者快捷有效地获取一次文献资源提供帮助。

三次文献资源是对一次文献资源进行深入研究的产物,是对一次文献资源的优劣、用途等的评价,如《中国科技期刊引证报告》《中文核心期刊要目总览》等。三次文献资源有利于读者深入地了解学术期刊资源的性质、功用和社会价值,更好地利用学术期刊资源。

就上述三种学术期刊文献的使用频率而言,一次文献资源的读者使用量最大,使用频率最高,读者使用面最广,读者对象最广泛。二次文献资源的读者使用量大大降低,使用频率也相对较低,其读者主要是一些学术水平较高、期刊文献利用娴熟专深的读者,对学术期刊利用的专指度较高。三次文献资源的读者使用量最少,使用频率也最低,其读者主要局限于学术期刊评价、学术评价等领域的学者,人数偏少。正因为如此,这三种学术期刊资源的馆藏量依次降低,在馆藏布局中,显示出较大的差别。这种分类体现出既传统又颇具时代气息的观念与方法,在高校图书馆学术期刊服务中具有重要的实用价值。

4. 根据资源可利用状况划分

一般情况下,资源按照其可利用情况分为现实资源、潜在资源、有害(废物)资源。

现实资源是指已经被认识和开发的资源。学术期刊资源也存在着这种情形。学术期刊中的现刊资源、过刊资源等明确可见的资源都是现实资源。

潜在资源是指尚未被认识,或虽已认识却因设备、技术等条件不具备而不能被开发利用的资源。学术期刊中的这类资源为数不少,如获得批准出版但不具有正式刊号(CN、ISSN)的内部学术期刊、网络在线传播的学术期刊等。

有害资源是指有悖于科学精神、法规政策、道德传统等对高校图书馆、读者、社会具有危害性的资源,这些资源通常不被高校图书馆订购。如近些年不断出现的以牟取经济利益为目的的"学术"滥刊,即这类有害资源。

事实上,资源的有益性与危害性是相对的、可以转化的,在适当的时机和条件下,可以使其转化为可被开发利用的资源。即便是订购的多余复本或者滥刊,仅仅从文献研究上看，也有其现实的学术研究价值，因为通过对它们的研究，可以有效地避免学术期刊资源建设中无用资源采集现象的产生。因此，这种分类有利于优化高校图书馆学术期刊资源馆藏，更好地为读者提供服务，是值得高校图书馆学术期刊管理者深入研究的崭新课题。

5. 根据资源的载体类型划分

根据载体的不同，可以将学术期刊资源分为纸质学术期刊、具有实物形态的非纸质学术期刊（如光盘学术期刊）和流媒体学术期刊（如在线学术期刊、期刊数据库）。

纸质学术期刊是传统的学术期刊类型，是高校图书馆学术期刊的主体类型，目前仍然是读者阅览的主要对象。随着期刊数据库的不断普及，纸质学术期刊由于其查检、内容截取等方面落后于数字化期刊而受到较大的冲击，较大部分的功能和作用为后者所取代。

具有实物形态的非纸质学术期刊目前多与纸质学术期刊相配套（如随刊光盘），很少发行独立的非纸质实物学术期刊。

流媒体学术期刊是计算机互联网络及多媒体技术发展的产物，集互联网、多媒体、网络出版等多种学科、专业、技术于一身，出版传播迅速快捷，信息承载量大、互动性强、查检下载方便、知识信息获取方便，广泛受到读者的欢迎，使用量不断扩大，使用频率非常高。这种分类对于高校图书馆学术期刊馆藏的影响非常大，深刻地影响着高校图书馆学术期刊资源建设与管理的方向，受到高校图书馆的高度重视。

二、学术期刊资源建设

学术期刊资源建设是指高校图书馆根据读者需求和学校发展需要，确立学术期刊资源的种类、数量、质量，通过采访、共享等方式获得学术期刊资源，然后对其进行加工、收藏、排架，提供给读者利用的活动。

（一）学术期刊资源建设的组成要素

学术期刊资源建设是个系统性工程，包括学术期刊资源、制度规章资源、人力资源、设备技术资源等组成要素。这些要素相互联系和共同作用，促成学术期刊资源建设目标的实现。

1. 学术期刊资源

这里的学术期刊资源是针对学术期刊本身而言的，是一种本体资源。学术期刊资源建设的流程如下。

第一，进行学术期刊资源规划。根据学术期刊的学科专业需要确定订购收藏的学术期刊种类、数量及建设方式等。

第二，按照规划获取学术期刊资源。主要通过订购、共享等形式获得实体的或者在线的学术期刊资源。

第三，对获得的学术期刊资源进行加工，主要通过著录、典藏等方式将资源转化为可以控制的、可有效利用的本馆资源。

第四，将建立起来的学术期刊资源通过阅览、开发、研究等途径提供给读者利用。

2. 制度规章资源

在高校图书馆学术期刊资源建设与服务过程中，建立了一些相应的管理制度和规则，用以规范学术期刊资源建设、业务指导和服务工作。这些规章制度和学术期刊资源一样，也是学术期刊资源建设的重要组成部分。

就学术期刊资源建设的传统与现状而言，所建立的制度包括管理制度、评价制度、用人制度、奖惩制度等。制定的规则很多，主要有学术期刊采访规则、编目规则、典藏规则、阅览规则等。制度规章的制定，使得学术期刊资源建设能够按照一定规则执行，确保了工作的计划性、规范性和科学性，成为学术期刊资源建设不可或缺的组成部分。

3. 人力资源

学术期刊资源建设最终需要高校图书馆期刊工作者去执行。因此，人力资源就成为学术期刊资源建设的重要决定因素。建立一支专业化、高水平的学术期刊工作队伍，是学术期刊资源建设的一项重要任务。高校图书馆学术期刊资源建设的人力资源包括管理者、专业技术人员、一般服务人员、临时聘用人员及其他对学术期刊资源建设发挥作用的人员。

就学术期刊工作而言，光有足够数量的工作人员是不能满足工作要求的，从业者必须具备相关的学术期刊工作知识和技能，具有高度的责任心，勇于克服困难，敢于肩负重任。目前，高校图书馆学术期刊资源建设中的一般工作人员相对充足，但真正能够肩负起比较复杂艰深的专业技术重任的人员及擅长学术期刊研究的科研人员非常缺乏，这对高校图书馆学术期刊资源建设是不利的。随着高校学术期刊资源建设质量与水平的不断提高，以及读者学术信息需求量的不断增加和需求质量的不断提高，传统低水平的服务已经不能满足他们的要求，提高学术期刊工作者的专业水平和科研水平，开展学术化服务，成为学术期刊资源建设努力发展的方向。

4. 设备技术资源

高校图书馆学术期刊资源建设中的设备技术条件成为制约其发展的重要因素。随着计算机互联网及多媒体技术的飞速发展，数字化成为学术期刊出版与传播的主流趋势，纸质期刊与电子数字期刊在竞争与互补中共同发展。面对如此崭新的发展形势，学术期刊资源建设必须采用先进设备和技术，广泛利用期刊数据库、在线学术期刊、馆际联合期刊资源库等资源。这些资源的利用，都需要相应的计算机、多媒体设备。

因此，建设设备与技术先进的多媒体期刊阅览室，是当前学术期刊资源建设的主要任务。设备技术资源是学术期刊资源得以发挥其应有效益的重要保证。如果没有这些资源，学术期刊资源建设与服务将会倒退到传统手工劳作的时代，这显然与时代的发展背道而驰。

（二）学术期刊资源建设的不同模式

各高校图书馆馆情不同，其学术期刊资源建设的模式也不同，总体而言，有下列几种建设模式。

1. 累积式建设

每所高校图书馆的学术期刊资源建设都是伴随着其办学历史发展起来的，学术期刊资源呈现出"起源（继承）—发展—优化（继承与更新）—提高—再发展"的历史轨迹。在此发展过程中，学术期刊资源不断积累，积淀成具有本校鲜明特色的宝贵资源。在这样的积累过程中，学术期刊的种类与收藏数量不断增加。学术期刊资源随着学校的发展不断地进行着调整，资源得到优化，服务人员的水平也在逐步提高，服务质量不断提高。学术期刊的累积式发展，有利于资源的连续性建设，保障了部分主要资源收藏的完整性，这对于专业学科的发展和科学研究十分有利。在部分高校图书馆，收藏了某些学术期刊从创刊至今的所有刊物，其收藏的完整性甚至远远高于学术期刊杂志社，成为高校图书馆的宝贵财富。长期以来，累积式建设成为高校图书馆学术期刊资源建设的最基本模式。

2. 突进式建设

高校扩招以来，尤其是随着高校的评估、评比、排行等不断升级，使得高校不断地采取措施提高其综合实力，以期在激烈的市场竞争中立于不败之地。为此，许多高校加大了对高校图书馆的资金投入力度，纷纷在较短时期内大量采集文献资源。表现在学术期刊资源建设上，就是扩大国外原版学术期刊的订购量，扩大符合学校发展要求的国内高层次学术期刊的订购量，大量购买国内外知名的期刊数据库，大量增加学术期刊资源所需的设备和人力，采用先进技术，不断提高服务层次。突进式的学术期刊资源建设，可以使高校图书馆在短期内聚集起大量的学术期刊资源，满足学校超常规发展的需要，但同时也在一定程度上造成了资源重复建设等较为严重的负面影响。

3. 合作式建设

随着馆际交流的不断深入，学术期刊资源建设的合作发展也在不断加深。学术期刊资源的相互开放、分工采购等形式，有效地促进了学术期刊资源的共建共享。这种合作式的资源建设形式，可以空前地扩大各高校图书馆学术期刊资源的使用量，在馆属学术期刊资源的基础之外，建立广泛的学术期刊资源，这对提高各馆的学术期刊资源利用率，充分保障读者学术期刊资源利用的权利，具有十分重要的战略意义。目前，合作式的学术期刊资源建设多种多样，如中国高等教育文献保障系统（china academic library & information system, CALIS）、大学城高校图书馆、区域性高校图书馆联盟等。合作式的学术期刊资源建设与服务，开辟了高校图书馆学术期刊工作的新时代，使得高校图书馆学术期刊资源建设的模式、方法、手段发生了根本变革，大大提升了学术期刊资源建设的层次和发展水平。

4. 整合式建设

高校合并，强强联合，强弱联合，合而为一，是提高高校实力的重大战略措施之一。通过高校合并，高校图书馆的学术期刊资源也同时被合并，走上整合之路。整合式的资源建设,大大地弥补了高校图书馆学术期刊资源种类与数量的不足,扩大了读者的资源利用量,有力地促进了高校学科专业的发展与完善。目前,从部分合并院校高校图书馆学术期刊资源建设的状况来看,存在着部分馆藏资源重复,原有各馆学术期刊分类、编目、典藏等标准不一,导致统一建库与使用存在暂时障碍等问题。但随着合并后高校的一体化发展,尤其是期刊数据库的采用,上述负面影响将会随之逐渐减少,合并高校图书馆学术期刊资源的整体优势愈发显著,综合效应将会不断提高。

(三)学术期刊资源建设的基本原则

学术期刊资源建设是一项目标性、计划性、原则性、责任性很强的复杂工作,必须遵循如下的原则,才能使资源建设步入科学、规范、有效的正确道路。

1. 坚持学术性原则

坚持学术性原则是高校图书馆学术期刊资源建设的基本要求。之所以强调学术性原则,是因为在高校图书馆学术期刊资源建设中,存在着一定程度的非学术化现象,主要表现为:采购了部分非学术性期刊,误作为学术性期刊去加工、典藏与阅览;过多地订购了一些低水平的学术期刊,造成资源重复浪费现象;资源建设停留于传统、粗浅的一般服务上,缺乏必要的学术研究,使得学术期刊服务的质量较低。因此,强调学术期刊资源建设中的学术性原则,是为了增加期刊的学术性知识信息的含量,增强其学术性,提高学术期刊的服务效益和水平。

2. 坚持多样性原则

坚持多样性原则主要体现在两个方面。一方面,学术期刊采访中要兼顾各种载体,充分利用新型载体在学术信息承载、传播中的先进作用,提高学术期刊服务的质量和水平。目前,学术期刊的载体包括纸张、电子光盘、期刊数据库、网络在线期刊(期刊网站)等。这些载体都有自身的优点,同时也存在着一定的缺陷。正因为如此,每种载体的学术期刊出版物,应根据需要适当采购,优势互补,以发挥各类学术期刊的综合效应。在多媒体学术期刊不断产生的新形势下,高校图书馆学术期刊资源建设与服务的作用日趋明显。另一方面,学术期刊资源建设中也要特别注意对不同性质期刊的订购,如原创性期刊、检索性期刊、文摘性期刊、评价性期刊等都应予以适当采购,使学术期刊资源结构完整、功能完备、保障率提高。

3. 坚持差异性原则

学术期刊的质量存在着差异，读者的阅览利用要求与水平存在着差异，这就要求学术期刊资源建设应该采取差异性原则。在资源建设上，同一学科专业的学术期刊应该充分考虑不同读者的需求，分别以高、中、低层次适当地予以采集，以满足不同层次读者的需求。同时，针对不同读者，应该提供不同的服务，走分层服务的道路。差异性原则体现了读者需求的多元化，随着学术期刊多版别化的不断发展，学术期刊对读者的细化也在不断加剧。尤其是随着读者学科专业化水平的提高，他们对本专业的学术期刊的了解不断广泛与深入，对学科专业前沿的知识信息的需求更为迫切。这样，差异化服务便成为高校图书馆学术期刊服务的重要发展方向，成为更新服务理念、提高服务成效的理想途径。

4. 坚持节约性原则

学术期刊资源异常丰富，可谓无穷无尽。每所高校的图书馆不可能也没必要将所有的学术期刊都采集收藏。与海量的学术期刊资源相比，高校图书馆学术期刊资源建设的资金、馆舍、人力等资源都是非常有限的。如果无视这些不足而盲目地不加选择与节制地采集学术期刊资源，必将造成资源的严重浪费，采集收藏的低价值或无价值的学术期刊资源也会对高校图书馆造成一定的危害。这也体现出了学术期刊资源的有效性与有害性的特性。因此，学术期刊资源建设中，应该本着节约性的原则，宁缺毋滥，走精品建设道路，以较少的资金、馆舍、人力等资源建设质量上乘、保障率很高的学术期刊资源。

5. 坚持合作性原则

学术期刊资源是人类共同的财富，学术期刊资源建设是人类共同的使命。鉴于财力、物力、人力等要素的有限性与读者需求的多元化、跨时空、无限化的矛盾，高校图书馆学术期刊资源建设必须坚持合作性原则。这种合作性不仅体现在高校图书馆部门与部门之间、期刊部工作人员之间的合作，同时，也体现在馆与馆之间的资源共建共享、共同研究、共同建设公共服务资源、共同开展公共服务，打破高校图书馆学术期刊资源的体制隔阂、本位主义的壁垒，最大限度地开发利用学术期刊资源，扩大每所高校的图书馆学术期刊资源总量。

近年来，部分高校图书馆与公共图书馆、科研院所图书馆合并或者合作办馆，如江苏等部分省市建立区域高校图书馆学术期刊联合采购中心,以及高校间学术期刊的网上推送服务,等等,都是合作性原则在高校图书馆学术期刊资源建设与服务中的良好体现,取得了巨大的社会效益。

(四)对学术期刊资源建设的评价

学术期刊资源建设评价是对学术期刊资源建设的规模、质量、效益等进行分析与界定,肯定成绩,指出存在的缺点和不足,制定改进和完善的措施。学术期刊资源建设不仅是高校图书馆文献资源建设的重要组成部分,是一项基础性的工作,同时也是一项计划性、指标性、系统性较强的工作。学术期刊资源建设的规模、质量、效益、水平直接决定着高校图书馆学术期刊工作的效能,决定着读者阅览利用学术期刊的成效。因此,对学术期刊资源建设的评价成为高校图书馆学术期刊工作的重要内容。

1. 学术期刊资源建设评价的基本原则

学术期刊资源建设是一项原则性很强的工作,必须坚持科学务实的原则,才能确保工作的顺利进行。

第一,客观性原则。学术期刊资源建设是客观存在的事实,其中成绩和缺陷是必然存在的。在对学术期刊资源建设进行评价的过程中,应该充分肯定其取得的成绩,确定工作的优点与长处,以便保持良好的工作状态。同时,也应该中肯地指出存在的缺点和不足,深刻地分析其产生的原因,不断予以完善。因此,在评价中,必须本着务实的精神,承认有问题、有差距是必然的,这样得出的评价结论才能符合实际情况,才能激发工作动力,提高服务质量。

第二,实用性原则。学术期刊资源建设的评价旨在促进资源建设的发展与完善,使期刊工作能够良性发展,克服缺点,弥补不足。因此,评价应该注重实用性,所提出的评价指标应该具有很强的针对性,使评价有的放矢,切中要害;得出的评价结果应该具有很强的界定与昭示作用,以便激励与借鉴;提出的评价措施应该具有较强的可操作性,以便工作人员执行,切实解决具体问题。

第三,前瞻性原则。学术期刊资源建设的评价必须紧密结合国内外高校图书馆学术期刊资源建设的发展趋势,掌握前沿动态,将最新的观念、知识、方法融入评价体系中,使评价能够站在较高的平台上,营造高质量、高水平的学术期刊资源建设激励氛围，使学术期刊资源建设能够始终走在时代的前列，满足读者的需求。

第四，综合性原则。学术期刊资源建设的构成要素复杂多样，这些要素相互作用，共同发展，推动着高校图书馆学术期刊资源的建设。因此，在评价学术期刊资源建设时，必须综合考虑每种要素，分析其利弊与彼此间的关系，从系统性、整体性的战略高度去综合地对整个资源建设进行考察。这样，才能使学术期刊资源建设得以全面健康地发展。

2. 学术期刊资源建设评价的主要内容

学术期刊资源建设评价的主要内容包括三方面，即资源的数量与质量、资源开发利用的方式与手段、资源利用率的高低。

（1）资源的数量与质量

学术期刊资源入藏的种类与数量是高校图书馆学术期刊资源总量的主要外在表现，学术期刊资源的种类包括馆藏的纸质学术期刊、数字化学术期刊、电子期刊及通过交流合作等方式可以获得的馆外学术期刊。学术期刊资源的质量是指其学术知识信息的有效含量及其可资利用的程度。目前，对馆藏学术期刊资源的质量尚无明确的评价标准，现有的评价主要集中于对学术期刊载文量、转载率、引用率等微观方面的评价，以及由这些评价指标而形成的学术期刊之间的评比成果。应该看到，现有的评价成果还不足以替代馆藏学术期刊资源建设质量的评价。因为，馆藏学术期刊资源建设的质量是立足于本校读者的一种评价，资源建设的质量主要体现本校读者的使用状况。因此，馆藏学术期刊资源建设的评价与国内外的学术期刊资源建设的评价是两种目的迥异的评价。

（2）资源开发利用的方式与手段

资源开发利用的方式与手段是高校图书馆学术期刊资源建设评价的重要内容。众所周知，高校图书馆学术期刊资源是高校图书馆期刊工作者组织和开发出来的，在此过程中，需要借助计算机、互联网等设备及相应的技术。设备条件的好坏、技术水平的高低、方式方法的优劣等因素，直接影响着学术期刊资源建设的进程、质量和水平。因此，必须对其高度重视。在评价中，赋予其必要的指标与分值，可以促进学术期刊资源开发利用的技术水平的不断提高。

（3）资源利用率的高低

资源利用率的高低是学术期刊资源建设评价的核心内容，也是评价的难点所在。一般情况下，高校图书馆对学术期刊资源的利用率评价多停留在读者阅览人次、期刊借阅率、读者评价意见等表象层面上，而对读者利用学术期刊资源的成效、学术期刊资源的总体质量发展变化、学术期刊资源载体变化对质量的影响等方面关注得比较少。因此，必须深入开展研究，厘清影响学术期刊资源利用率的因素，找出问题的症结，寻求解决问题的措施，以进一步提高资源的利用率。

3. 学术期刊资源建设评价的常用方法

学术期刊资源建设评价的方法比较多，总体而言，可分为定量评价和定性评价。定量评价是通过数理统计等方法，对资源建设中的若干数字进行统计，以具体的数字去揭示资源的种类、数量及应用状况。定量评价比较直观，令人信服。定性评价是对资源建设中无法定量评价的内容进行评价，着重于对事理的揭示与说明。

（1）统计法

通过对学术期刊种类、数量、读者阅览人次、借阅数量等进行统计，可以了解一段时期内，学术期刊资源的建设与利用情况。统计法是学术期刊资源建设中最常用的方法，在学术期刊管理中普遍运用。鉴于学术期刊资源建设的长期性、连续性及复杂性，运用统计法进行评价时，必须确定合理的样本数量和时间段，以便使统计结果符合实际，评价准确、可靠。

（2）比较法

学术期刊资源建设的优劣具有一定的可比性。在评价过程中，通过纵向对比，可以揭示出馆藏学术期刊资源的历史发展轨迹，发现成功之处，透视资源的总体状况，使学术期刊工作者能够了解各个时期与阶段学术期刊资源建设的情况；通过馆际的横向对比，可以揭示馆藏学术期刊资源的优劣差别，找出缺陷与不足，以便尽快采取措施加以弥补。除此之外，还可以对不同专业学科的学术期刊资源及不同时间段、不同读者、不同载体等方面的情况进行对比，以利于揭示不同的问题。

（3）专家评价法

专家评价法是学术期刊资源建设评价不可缺少的方法。专家是某一领域的学者或技术行家,他们对学术期刊资源建设往往比较了解,能够洞察其薄弱环节与不足之处。他们对学术期刊资源的评价,有利于弥补统计法、比较法等评价方法的不足,将其与其他的评价方法结合起来,可以更好地反映出学术期刊资源建设的水平与质量。

(4)读者调查法

读者阅览利用学术期刊资源是高校图书馆学术期刊资源建设的根本目的,读者对学术资源的利用情况,可以比较真实地反映学术期刊资源建设与服务的水平和质量。因此,采用读者调查法有利于直接了解读者的学术期刊需求和利用情况,获得他们对学术期刊资源建设的意见和建议,以便改进工作,完善服务措施,提高工作效率。

第三节 高校图书馆学术期刊业务的管理

一、高校图书馆学术期刊的采访

(一)学术期刊采访的前提:鉴别

学术期刊的鉴别是学术期刊采访的前提条件之一。一般情况下,学术期刊主要登载学术论文,而非学术期刊,即刊发新闻、报道、讲话、图像等。事实上,高校图书馆没有必要也不可能订购过多的学术期刊。因此,面对众多的学术期刊必须加以甄别,选择适合本馆阅览与收藏的刊物。对学术期刊的鉴别可以从以下几方面入手。

1. 刊期

对于不了解的期刊,在订购时,可根据刊期进行相对粗浅的判断。

第一,从学术期刊出版传统来看,学术期刊编辑出版周期比那些非学术期刊编辑出版周期要长很多,即便现在在线审阅、编辑、出版等技术不断应用于学术期刊的生产之中,学术期刊的刊期大多还保留着双月刊的传统。

第二,期刊出版以月刊、季刊为主。在市场经济情况下,不少学术期刊走自负盈亏的发展之路，开始仿效国外学术期刊，缩短刊期，提高编辑出版速度，出现了不少半月刊甚至旬刊。尽管如此，目前学术期刊的刊期仍以双月刊、月刊为主，季刊次之，半月刊、旬刊、年刊则相对较少。因此，刊期为双月刊、季刊的，一般都是学术期刊。

2. 出版者

目前，包括邮政系统在内的许多期刊供应商都提供比较详尽的期刊发行目录，其中注有出版者的信息，这是判断学术期刊的重要依据。高等院校编辑出版的学报属于学术期刊。中国科学院、中国社会科学院系统创办许多学术期刊，省直辖市的科学院、社会科学院一般都创办学术性刊物。全国性的学会与省直辖市的学会是聚集众多专家、学者的民间学术性组织，他们通常以会刊的形式创办学术期刊，组织研究活动，发表研究成果。部分出版社拥有较强的编辑出版实力，有自己的编委专家，学术生产能力较强，也创办较多的学术期刊。因此，上述机构部门创办的刊物，通常可以确定为学术性刊物。

3. 刊物名称

一般情况下，学术期刊名称的专业性很强，且结构科学严谨，其名称中多包含具体的学科、专业词语，如《中国物理》《大学化学》《中国历史文物》等。同时，许多学术期刊刊名末尾都有"学报""学刊""研究""论坛""评论""理论""批评""科技""杂志"（医药、卫生类学术期刊标注最普遍）等字样。带有这些名词的，就可以基本断定为学术期刊。

4. 刊物版别

期刊版别是在图书版本基础上衍生而来的期刊出版现象。学术期刊在一刊一号、同期出版的刊物内容学科属性不同的情况下，通常以不同的版别来予以出版。版别现象在我国近代期刊诞生后就已经存在。此后，学术期刊因专业的细分，逐步向多个版别扩展，如早期的著名大学学报出版有"人文社科版""自然科学版"等。在我国众多的期刊中，学术期刊的多版别化最为普遍，成为典型特征之一。近年来，我国期刊界又出现了非学术期刊纷纷创办学术子刊的现象，并且逐年增多，其对高校图书馆学术期刊业务的影响不断扩大，成为学术资源的重要组成部分。

5. 学术性文章的登载量

事实上，采用识别刊期、刊名、出版者、版别等方法来判定学术期刊，都不同程度地存在着缺陷,可能导致采访决策发生偏向与误差。为此,最可靠的办法是通过统计刊物登载的学术性文章的载文量来确定是否为学术期刊。例如,武汉大学中国社会科学评价中心邱均平教授领导的课题组采用的学术性文章载文量100%/年或＞50%/年统计法。应该说,这种判断学术期刊的方法比较科学有效,值得高校图书馆采购学术期刊时参考采用。

除此之外,还可以从期刊的外部特征来粗浅地判断其是否为学术期刊。一般情况下,学术期刊国际化色彩比较浓郁,多为标准大16开;封面比较严肃,很少登载娱乐性的图片;内页登载的几乎都是学术性的文章;刊物很少登载广告,所载广告也多与刊物的学科专业联系密切,抑或具有一定的关联度。

综上所述,学术期刊鉴别是一项专业性较强的复杂工作,只有综合运用上述几种方法,才能使订购准确可靠。

(二)学术期刊采访的基本原则

第一,专业性原则。根据高校的学科专业设置,有针对性地采购中外文期刊,突出专业性,并且以专业核心期刊为主要采集对象。专业性是高校图书馆学术期刊资源建设的最主要特色,采访到的学术期刊应该能够覆盖专业的学科领域,满足专业学术信息获取和研究人员发表科研成果学习借鉴的需要。

第二,连续性原则。一般情况下,高校图书馆学术期刊资源建设历年来对订购的专业核心期刊都保持连续订购,对一般性专业期刊不轻易停订,以保持收藏的完好性和系统性,方便读者查阅。其余非学术期刊则视经费情况适当进行增减。

第三,实用性原则。满足读者需求是高校图书馆学术期刊采访的根本目的,读者对学术期刊的需求可以说是学术期刊采访的风向标。因此,在学术期刊采访中必须坚持实用性原则,尽量采集读者需要的学术期刊,这样的学术期刊适合读者利用,从而提高资源的使用效益。该原则体现了学术期刊的实用性原则,是高校图书馆学术期刊工作者必须时刻遵循的基本准则。

第四,适中性原则。高校读者对学术期刊的需求在一定的时期和地点是有限的,但读者对学术信息又有着超越时空的强烈诉求。因此,学术期刊资源必须具有很高的保障率,才能保证读者之需。事实上,高校学术期刊资源的保障性是相对的，由于经费、馆舍、人力、设备、技术等条件的限制，高校图书馆不可能也没有必要将读者所要求的所有学术期刊资源都采集到馆。因此，学术期刊采访前应该对其种类、数量、学科、专业、布局等进行统筹规划，力争以最少的资金、人力来获得最有效的资源，尽量充分地满足读者的学术信息需要。

第五，多样性原则。学术期刊的编辑、出版形式多种多样，发行传播的途径也多种多样，读者对学术期刊的种类、阅览形式的需求多种多样，这些情况决定了学术期刊采访中必须坚持多样性的原则，力求采集多样化的资源，发挥各种资源的综合效益。多样性的采购原则可以保证读者对学术期刊文献多样化的需要，通过对不同载体、不同层次、不同领域的学术期刊资源的采集，可以有效地提高学术期刊资源的供给率。

第六，共享性原则。积极参加区域协调订购工作，加强资源共享。随着高校教学、科研、人才培养交流与合作的不断加强，学术期刊资源建设的共建共享也在不断发展。目前，高校学术期刊资源共建共享主要表现为联合采购、编制联合目录、馆际互借、网上推送、管本培训等形式。因此，在学术期刊资源采访中应该坚持共享性原则。这样，才能有效地节约资金、人力、物力等资源，最大限度地扩大本馆的学术期刊资源。例如，为了更好地为学校的教学科研和学科建设服务，华东交通大学图书馆与机械信息中心、国家科技图书文献中心、中国科学院西南信息中心等情报机构建立联系，展开学术论文原文索取服务。

（三）我国学术期刊采访的主要途径

目前，国内学术期刊的采访主要有邮局订购和民营期刊代理商订购两种途径。

1. **邮局订购**

通过邮局订购学术期刊是我国高校图书馆长期一贯的订购形式。通过邮局发行的学术期刊，绝大多数都有正式刊号和邮发代号，不少刊物的效益较好，发行量较大。邮局发行学术期刊的优点在于，按时到刊，安全可靠，不易丢失，缺刊可以及时弥补，停刊可以及时退款。在市场经济形势下，与民营期刊代理商相比，高校图书馆从邮局订刊不享受或者仅享受较低折扣优惠。因此，在民营期刊代理商的竞争挤压下，邮局发行的学术期刊大幅度减少，许多高校图书馆在利益驱动下，纷纷改由民营期刊代理商订购学术期刊。近几年来，由于民营期刊代理商在供给学术期刊中的过度延期、缺刊严重等现象时有发生，因此高校图书馆学术期刊订购工作又部分地回归到邮局订购。许多高校图书馆形成了邮发期刊在邮局订购、非邮发期刊在民营期刊代理商订购的局面。

2. 民营期刊代理商订购

在国外，学术期刊通常由期刊代理公司发行。民营期刊代理商是改革开放以后产生的民间期刊发行销售组织，特别是20世纪90年代后期，高校开始扩招以来，随着高校期刊投入的不断提高，读者需求量不断扩大，民营期刊代理商以一定的折扣率、供刊快速、额外配刊等优势吸引了一大批高校图书馆。

（1）民营期刊代理商的业务优点

随着期刊学术营销时代的到来，我国学术期刊通过收取版面费等方式获得了高于以前的经济效益，期刊的出版发行数量有所增加，发行效益有所提高，部分学术期刊不再通过期刊代理商发行，改由邮局或自办发行，民营期刊代理商的发行业务受到了一定的影响。

供刊方面，可以代为订购非邮发期刊，也可以部分地补充邮发期刊的缺刊，提供漏订期刊，人性化服务明显优于邮局订刊。由于民营期刊代理商多年从事高校图书馆期刊供应工作，了解高校图书馆的学术期刊需求，经过多年的经营，一般都建立了自己的期刊订购系统。他们不仅有详尽的纸质期刊订购目录，还研制了各具特色和优势的期刊订购数据库，提供高校用户网上在线订购期刊，使订刊、打印订购清单、修改订单等比较方便。并且，期刊代理商一般都派有专人负责高校订户的业务联系，随时解决存在的问题。与之相比，邮局则一般只提供纸质期刊目录，订购相对不够方便。

（2）民营期刊代理商的业务缺陷

民营期刊代理商的期刊发行代理业务利润主要来源于杂志社给予的发行利润减去折扣款，所得差价再减去期刊的包装、运输费。用公式表示为：

$$期刊发行代理业务利润 = 杂志发行利润 - 折扣款 - 包装运输费 \quad (2-1)$$

由式（2-1）可知，在杂志发行利润、折扣款事先确定不可更改的情况下，期刊代理商为了确保其利润，就会在包装运输费上精打细算，其结果是：包装纸张质量越来越差，运输过程中期刊破损数越来越多；发货次数越来越少，同种期刊多期同时到馆现象严重，造成期刊积压，不能按时效及时上架，资源浪费惊人。

部分资质欠佳的民营期刊代理商存在着短期经营行为。由于其未获得期刊代理授权，没有稳定可靠的期刊采集渠道，因此无法正常采购期刊提供给订户，使大量订刊不能按照要求供货，给高校图书馆造成了巨大的经济损失。此外，部分民营期刊代理商业务混乱，漏发刊、错发刊、多发刊、迟发刊等现象屡屡发生，而售后服务仅停留在合同上。

二、高校图书馆学术期刊的加工

采购到的学术期刊必须经过适当的加工才能供读者阅览使用。学术期刊的加工包括到馆现刊登到、加盖期刊阅览室公章；过刊下架整理、登记、送出装订；装订成册期刊的编目、盖馆藏章、贴书标、贴磁条、贴条形码、编印馆藏号、上架等。下面围绕现刊登到和过刊整理展开详细讨论。

（一）现刊登到

订购到馆的现刊必须及时登到，以杜绝到馆现刊的丢失或损坏现象的发生。现刊登到一般由专人负责，按照具体工作细则进行。随着计算机的普及，目前高校图书馆采用高校图书馆文献管理系统对文献资料进行管理，学术期刊的管理实现了自动化和系统化。

1. 现刊登到的主要方式

（1）利用高校图书馆文献管理系统进行登到

高校图书馆文献管理系统中的期刊管理子系统具有现刊登到功能，其登到项目包括许多方面，如期刊名称、国内外发行代号、刊期、定价、编辑出版者等。到馆期刊逐期进行登记，能够保证新刊及时入库，同时能够适时统计期刊到馆情况，及时发现缺刊、停刊等问题。

（2）利用 Excel 表格进行登到

Excel 表格作为一种常用的文字处理软件，具有操作简单、便于修改、便于对录入的数据进行统计加工等优点。目前，仍有许多高校图书馆使用该软件进行现刊登到。其录入的内容包括许多方面，如期刊名称、国内外发行代号、刊期、定价、编辑出版者等。用 Excel 表格进行现刊登到，主观随意性大，可以按照要求进行增删。因此，必须由其他人员对登到结果进行核对，或者每次登到后将登到表加密，发送给部主任保管，或者输入馆藏期刊数据库中，以防止丢刊情况的发生。

2. 现刊登到中的常见问题

（1）停刊

停刊是指学术期刊因故终止出版发行，有些是暂时休刊，有些是不再继续办刊。随着学术期刊竞争的不断加剧，尤其是各种学术期刊评价活动的开展，以及评价成果的不断应用，使许多学术期刊在优质稿源的竞争中处于明显的劣势，刊物的学术水平和质量难以有效提高，严重制约了刊物的可持续发展。因此，不少学术期刊因为没有自身的特色和优势，无法获得比较满意的社会、经济效益而被迫停刊。一般情况下，登到时如果发现某刊从首期开始，连续若干期没有到刊，就应该及时了解是否为停刊。如果停刊，就应敦促期刊供应商按照合同规定，出具杂志社停刊证明，以免高校图书馆被欺骗。同时，应该及时登记，提请供应商退款。

（2）休刊

休刊是指期刊因某种原因暂时停止出刊若干期，然后接着出刊；或者，更改刊名后，按照新刊连续累积出版。学术期刊休刊的期刊比较少见，休刊之前，一般都发布公告。登到时，发现休刊情况也应及时查证，要求供应商退回所休刊期的订购款，并且对休刊情况详细记录，以便在阅览、编目、装订等工作环节中做相应的调整。

（3）更改刊名

更改刊名是学术期刊比较多见的现象，每年都有部分学术期刊中途更改刊名。一般情况下，学术期刊更改刊名是为了更适合学科专业发展的需要，使刊名更专业、更简明、更科学、更具有普适性。例如，2009 年度，原《科学技术与辩证法》杂志（双月刊），从第 4 期开始更名为《科学技术哲学研究》。根据新闻出版署有关规定，期刊更名后，其刊号要做相应的改变。这种情况比较复杂。目前，有些期刊更改刊名后，刊号、订购号等都相应改变，作为一种新刊创办下去。有些期刊更改刊名后，刊号改变，而发行代号等未做改变，依然继承原刊，期号连续累积下去。有些期刊更改刊名后，因国内连续出版物号尚在申请中，就先使用国际标准连续出版物号（ISSN）出刊，如 2003 年原《江苏图书馆学报》更名为《新世纪图书馆》。期刊登到时，遇到更改刊名的，应高度重视，及时登记标注，并且反馈给期刊阅览、编目、典藏人员，以便做出相应的更改与调整。

（4）缺刊

缺刊是指期刊正常出版发行而若干期未正常到馆的情况。缺刊的原因较多，有代理商分发遗漏的，有发送过程中丢失的。对于缺刊，应及时向代理商反馈，迅速补刊，以免错过出版周期。

（5）错刊

错刊是指代理商发错给本馆的学术期刊。错发刊分为两种情况，要么是本馆所订期刊发错，要么是本馆未订期刊发错。对于本馆所订而发错的刊物，应及时退回代理商予以更换，对于本馆未订而寄送来的刊物，应该如数退还代理商。

3. 现刊盖章

现刊盖章是指对到馆的刊物加盖期刊阅览室公章或者高校图书馆期刊馆藏章，盖章是确定期刊属于高校图书馆所有的证明，便于预防丢失和收藏管理。现刊盖章的方位各馆要求不一，通常在封面和内页各盖一枚公章。封面上，多数加盖在期刊封面中部偏下位置，也有很多加盖在期刊封面的右上角。内页上，有些馆按照自己的一贯传统，选定某一页或在同一平面的两页上加盖，也有的选择期刊正中间两页交界处的上部盖章。

目前，由于学术期刊封面多采用光洁度很高的彩色铜版纸制作，使印张油墨吸着度很低，甚至根本不吸收，加盖的印章极易摩擦掉，或者模糊不清，因此给工作造成很大不便。尤其是部分高校图书馆委托期刊代理商加盖期刊馆藏章，代理商在场地、时间、人力有限的情况下，加盖的公章易于产生这类问题。因此，期刊加盖馆藏章应予改革，可利用钢印加盖封面章，内页仍然用普通印章加盖。

（二）过刊整理

现刊下架成为过期刊物后，必须整理，然后送出装订，作为馆藏资源。

1. 过刊整理的频次

从过刊整理的时间上来看，分为以下三种形式。

（1）年度内若干次整理

某些高校图书馆采取年度内适时整理的办法，在周转馆舍场地比较充裕的情况下，结合期刊的周期、开本、厚度等，连续到刊若干期下架后，即予以整理装订。这种方式可以确保过刊及时装订、加工、上架阅览，但整理送出后，高校图书馆就失去了现刊阅览室期刊的连续性，也使读者不能查看前期的期刊，并且，增加了工作人员的劳动量。这种整理方式在高校图书馆并不普遍。

（2）半年整理一次

如果到刊正常，部分高校图书馆就利用暑假期间对上半年到馆期刊进行整理，符合装订的过刊送出装订。这样，可以缓解一年后下架整理所导致的下架刊物存放困难、整理强度大、刊物易于混乱等问题，有效缩短了部分过刊送装订、典藏、上架的周期，使读者能够早些使用新过刊。因为这种整理方法使过刊整理、装订、典藏的完整性被打破，不但增加工作人员的劳动负担，而且比较容易产生混乱，所以应该谨慎使用。

（3）年终集中整理

这是绝大多数高校图书馆的传统整理方式。该方式是一次性地对全年的学术期刊进行集中整理。整理时将每种期刊捆扎在一起，不至于分散异处造成错乱，便于装订。该整理方式的缺点是，由于部分学术期刊到馆滞后，在没有足够周转设备与空间的情况下，使本年度期刊难以及时下架整理，影响了下一年度期刊的及时上架阅览，并且造成过刊装订周期延长，不利于装订成册期刊及时到馆加工上架。

2. 过刊整理中的常见问题处理

（1）缺失期刊

整理好的过刊按照从首期到末期自上而下排放，然后，逐期登记。对于所缺刊期，及时记录下来，及时补刊，并将整年期刊单独放置，待到刊后，再送出装订，以利于完整保存当年的刊物。

（2）发生变化的期刊

期刊中途更名的，应该用标签注明放置于全年刊物的最上面，以便装订人员参看，按照要求制作封面书名。年度内开本发生较大变化，如可以通过适当切割加以装订的，应该集中装订成册；如仅少数期数开本有较大变化（这种情况很少见），也可切割装订成册；如中途有休刊的，应该用标签注明，在可能的情况下，应该将其余刊物装订成册。中途刊期发生变化的，应予注明。

（3）多版别期刊

学术期刊的多版别化是其一大特色，也是一种发展趋势。多版别期刊即便含有原刊（母刊）的刊名，但其学科专业性质往往不同，由此导致读者对象、刊期等不同。在整理时，应该将同一版别的期刊集中在一起装订，以示区别。特别是一些非学术期刊学术化以后，推出的学术子刊，情况比较复杂，需要仔细鉴别后，将其提取出来，加以整理装订。

3. 过刊装订

过刊整理好后，在确定装订商签订装订合同后，就可以送出装订。首先，制定过刊装订细则，这对过刊装订非常重要。其主要内容包括以下四方面。

第一，整理成册过刊必须登记造册，对于更名、缺失、停休等情况，必须在相应的刊物中标注清楚，以便装订人员遵照执行。

第二，制定装订的技术标准，对装订成册杂志的封面材料，封面与封脊的字体、字号、文字印制方式与布局，开本的确定，附件材料的取舍等都必须明确，以便于装订成册的过刊符合高校图书馆加工要求。

第三，选择资质好、守信用、装订效果好的装订商，装订过刊时，应该尽量保持装订质量的前后一致性；制作工艺上，应该做到封面用料和颜色一致，开本大小一致，封面字体大小与布局一致。

第四，送装订的过刊应该按时装订，及时返还馆内统计加工。

4. 过刊典藏

装订成册的学术期刊必须典藏，才能供读者阅览。过刊典藏包括加盖馆藏章、印注馆藏号、贴书标等。

（1）加盖馆藏章

成册过刊的馆藏章通常也是过刊阅览室章，它与现刊阅览室期刊章不同，是馆藏资源的凭证。当然，如现刊、过刊统一用"期刊阅览室"章，则现刊章盖好了，过刊章也可省却不盖。该章一般加盖在第一期刊物的封面中部及整册过刊某一固定内页，加盖时应该有力度，印油质量好，易长久保存。

（2）印注馆藏号

馆藏号是过刊册数收藏的累积编号，表示过刊资源收藏的数量。每册过刊给予一个馆藏号。每册过刊的馆藏号不同，该号一般用打号机印制在第一期第一页的天头中部。为了保险起见，也可同时在其他期的页面内重复印制一次。为确保馆藏过刊册数的准确性，必须保证过刊馆藏号使用的唯一性，同时做到不错用、不漏用、不重复，标识清晰，典藏人员牢记使用过的最后一个馆藏号，以便加工新过刊时续编。

（3）贴书标

贴书标是一项比较复杂且需多加注意的问题。

第一，书标填写。书标内容表示索刊号，通常分上下两行排列，上面是分类号，下面是种次号。分类号包括学科大类及学科内的类次数据，一般最多分到三级，如 TP215.3。种次号是过刊排架的顺序号，以此来区分过刊排架位置的先后顺序。在种次号给予上，有着多种形式，也存在着一定的分歧。有的用期刊年份作为种次号，如 TP215.3/2008。这种做法达不到准确区分过刊在架位置的目的。因为，装订成册的过刊刊脊上已经印制了期刊出版的年份。这对于多版别的学术期刊而言，显然不能够区分其先后及类别。例如对《商业市场》的几个版别刊的种次号的给予理想的做法是，在种次号的给予上，同种刊物给予同一个种次号，以不同年份区分其排架的先后顺序；同一刊名下的多版别学术子刊，在给予同一个种次号后，再以（1）、（2）、（3）等序号加以区别，如 F125.6/1（1）、F125.6/1（2）、F125.6/1（3）；不同种刊物给予不同的种次号，以示区分不同种类。这样处理后，种次号标注就比较清楚了。

第二，刊标制作。刊标的制作采用打印和手写两种方式。打印的比较美观，经久耐用；而手写的由于字体易于褪色，且不够美观，已逐渐被淘汰。

第三，刊标粘贴。一般将打印好的刊标粘贴到刊脊下部，再用强力透明胶带加固，以确保刊标不易脱落。

5. 过刊编目

过刊编目，又称过刊著录，是指利用中文连续出版物机读目录格式，将装订成册经过加工的过期学术期刊编制款目，输入馆藏期刊数据库的活动。过刊编目需要录入的期刊信息包括许多方面，如期刊名称、出版年卷期、单价与合订本价格、编辑出版者、版本版别、连续出版物号、发行代号、学科类别（分类号）、馆藏号等。

（1）学术期刊过刊编目原则

第一，依据有关的著录规则进行编目。目前，中文连续出版物著录规则主要有《连续出版物著录规则》《中文连续出版物机读目录著录细则》等。随着连续出版物出现新的变化，上述著录规则几经修订，不断趋于完善，应该尽量采用修订后的最新版本对馆藏中文期刊进行标准化著录。

第二，合理确定著录款目数量。由于学术期刊的多版别化，使编目在款目数量的确定上存在着一定的难度。按照新闻出版总署一号一刊的规定，刊号不同，则刊物就应该为不同种期刊。不同种期刊就应该编制不同的款目，即使某刊在一个母刊的基础上衍生出系列子刊，也应该逐一著录。著录时，可采用逐一著录分别建立款目、集中一条款目著录再逐刊予以附注说明这两种方法，形成一刊一款目和多刊一款目这两种款目类型。

第三，如实进行著录。机读目录著录时，要求严格按照著录款目的字段与子字段如实进行著录，将文献的有关信息详尽、清楚地记录到款目中，这样才能被计算机识别、记载和存储。根据这一如实著录原则，学术期刊出现更名、停休刊、复刊、合刊、开本变化、多版别化等情况时，必须详细著录到款目中，通过附注等形式予以揭示，以显示出期刊的前后变化，利于期刊的管理与利用。

（2）学术期刊过刊编目注意事项

第一，每种期刊使用一条款目著录，多版别期刊可以集中采用一条款目著录或逐刊分别著录（以附注项加以链接）。

第二，如本馆套录库有现成的在编数据，可以调出按规定字段著录相关信息，并在905字段中加入相应的馆藏信息；无数据的在编期刊，应按本馆要求的必录字段，将该刊的编目信息逐一输入款目的相关字段中。

第三，每年新装订入藏的合订本期刊，应及时在馆藏项（905字段）中续加新的登录号。

第四，每本合订刊的价格为该合订本册数的价格总和加上装订费。装订费视当年物价而定，并区分简装与精装。

第五，在著录期刊的过程中，如果发现以往存在的著录差错，应及时纠正。

三、高校图书馆学术期刊的排架

（一）按照图书分类法排架

按照图书分类法排架主要是根据《中国图书馆分类法》依次按照大类进行排架。每个大类里面再按照不同的专业依次排架，如 O 大类"数理科学与化学"，可以分别按照数学、物理、化学进行分类。具体每个学科再按照一定的标准分类，如将数学进一步分为小学数学、初中数学、高中数学等。这种排架法便于将同类的学术期刊集中排列在一起，有利于读者阅览，也便于工作人员上刊和整架。

（二）按照学科专业类别排架

在《中国图书馆分类法》的分类基础上，可以进一步按照一定的学科专业类别排架，如将学术期刊分为人文科学、社会科学、自然科学等几个区域集中排架，每个类别再按照具体的学科专业排架。也可按照哲学、历史学、文学、管理学、理学、工学、医学、法学、农学等学科分类排架，再按照一定的标准进一步细分排架。这种排架法专业色彩浓厚，非常有利于读者阅览和进行学术研究。

（三）按照刊名字顺排架

按照刊名字顺排架主要是按照刊名首字的第一个字母顺序排架，规定的类别包括：A、B、C、D、E、F、G、H、J、K、L、M、N、O、P、Q、R、S、T、W、X、Y、Z。例如，"安"字开头的刊物集中在一起，再依次按照刊名的第二、第三等字的笔画由少到多排列。这种排架法可以将同一主刊名的一系列期刊、使用同一省市区域名称的刊物集中在一起，如《安徽×××》的刊物集排在一起。但这种排架法会造成不同专业的刊物混合排列，不利于学科专业学术期刊的类聚，影响读者查阅和期刊管理。因此，这种排架法现在基本上不再采用。

（四）按照刊物的出版情况排架

1. 按照刊物的出版类别进行排架

尽管学术期刊非常复杂，但是在出版类别上往往有他们的共同之处。某些刊物具有相同属性的出版单位，如大学学报，可以将它们集中排列在一起，再按照自然科学、人文科学、社会科学等学科大类进一步排列；某些刊物具有相同的出版单位，如人大复印资料，可以将它们集中按照专业分类标准排列在一起。

2. 按照刊物的出版物特征进行排架

某些刊物在载体、开本等方面具有相同或近似的出版物特征。可以将部分开本相同或特殊的刊物排列在一起，如将《半月谈》《半月谈内部版》《读书》《辞书研究》《文献》《小学语文教师》《小学数学教师》《江淮文史》《社会学研究》等32开杂志集中排放在一起。也可以将具有磁带、光盘等附属载体的复合型期刊集中在一起排架。这些复合型期刊往往具有磁带、配刊光盘等，必须借助电脑、录音机等设备才能正常使用，可以配置必要的设备，提供给读者使用，以发挥多媒体刊物的综合效益。这种排架使用的期刊范围比较小。

3. 按照出版物的区域排架

学术期刊的出版有着强烈的地域特征，经济、文化发达地区出版发行的学术期刊一般明显高于相对欠发达地区。这些区域有着明显的地区差异，表现在学术期刊的出版上也差异显著，如北京地区是我国的政治、经济、文化中心，聚集了众多的高等院校、科研院所及其他学术团体与组织，科研资源丰富，科研实力总体最强。因此，创办的学术刊物名列全国之首。据初步统计，高校图书馆订购的北京出版的学术期刊最多，明显多于其他地区。因此，学术期刊可以适当按照出版地进行排架，如将大学学报按照华北、华东等行政区域排架。

上述排架方法中，以学科专业排架最为科学实用。其他排架方法不宜作为整个学术期刊阅览室的主导排架方法，应该作为学科专业排架法的辅助法加以灵活应用。从学术期刊排架的实践来看，在学科专业排架过程中，灵活运用出版物特征排架、出版物属性排架等方法，往往能够使排架更为醒目，给阅览、上刊、整架带来更大的便捷。例如，将大学学报、人大复印资料、外文期刊等单独设架排列，就会有效避免按照学科专业将这些刊物分散到各个刊架的不便，使学科专业排架变得更加清晰明了。总之，学术期刊排架应该尽可能充分地予以细分，逐层分解，局部集中，最大限度地方便读者阅览和期刊管理。

四、高校图书馆学术期刊的阅览与咨询

（一）学术期刊的阅览

1. 开放时间

教育部《高等学校本科教学工作水平评估》明确规定，高校图书馆期刊阅览周开放时间须到70小时以上。目前，高校图书馆采用双休日开放、延长晚间开放时间等方式都已经达到了这种开放的时间要求。就学术期刊阅览而言，对于不同的学术期刊类型，开放时间有所不同，电子期刊全年天天开放，并且24小时开放；不少高校图书馆除国家法定的节假日休息外，不但现刊、过刊阅览室全年绝大多数天数都正常开放（采用轮休形式），而且每天开放时间从8小时逐渐增多。充足的开放时间，能够确保学术期刊的正常开放，使读者能够持续安心地阅览学术期刊。

2. 开放班次

学术期刊较长的开放时间要求应该有合理的班次给以保障。目前，高校期刊阅览室一般采取轮班的形式，一个阅览室一般分为2～3个班次，每班1～2名工作人员值班。不同班次轮流交替，保证了开放的正常进行。值得注意的是，采用轮班形式，必须做好班次的交接工作，对于存在的问题应该及时在当班时间内解决。如果不能解决，必须明确告知下一班次人员，以防意外事故发生，避免产生不应有的损失。

3. 开放人员

学术期刊开放人员包括部门领导、正式工作人员、临时聘任人员。开放人员以后两者为主，在正式工作人员不足的情况下，可以补充临时聘任人员协助值班。正式工作人员必须担当起管理、指导临时聘任人员的责任，带领他们正常地履行服务职责。开放人员必须严格按照规定组织开放阅览，服从工作安排，履行工作

职责，接受部门领导和读者的监督。

4. 开放形式

学术期刊多采用就地阅览、期刊外借、复印下载等开放形式提供读者服务。一般情况下，出于预防丢失和保证正常阅览的目的，现刊一般不对外借阅。遇有急用时，可在办理相关手续后暂时借出，用后立即归还；过刊资源可适当外借，但一般限定册数，并且在一周内归还；读者在使用学术期刊过程中，往往要下载印制资料，用于收藏或者方便使用。因此，学术期刊阅览室应该提供计算机、网络设备、打印机、复印机等，为读者有效地利用学术期刊资源提供必要的帮助。

（二）学术期刊的咨询

学术期刊咨询是指具有一定学科专业水平、专业技能和较高专业技术职称的期刊馆员，通过一定的设备和技术手段，以面对面或人机互动等形式解答读者关于学术期刊阅览利用方面的咨询，听取读者的意见和建议，接受读者的合理请求，帮助读者克服学术期刊利用的疑难问题，及时有效地为读者查检所需的学术期刊文献与信息等的活动。

学术期刊咨询是学术期刊服务与管理中的高层次的活动，与高校图书馆图书咨询服务、整个高校图书馆总体工作咨询服务相比，学术期刊咨询工作长期以来没有引起足够的重视，很少有高校图书馆期刊部专门开展此项工作。在日常工作中，虽然有对读者提供一定的释疑解难或有限帮助，但是与专门的学术期刊咨询服务工作相比有着很大的差别。从读者学术期刊利用的情况来看，他们常常遇到许多疑难问题，需要期刊服务人员及时地解答并予以帮助。因此，开展学术期刊咨询服务，是高校图书馆学术期刊工作亟待开辟的业务项目。

1. 学术期刊咨询人员的素质要求

学术期刊咨询工作的质量与成效取决于咨询人员的素质。为了满足读者的需要，从事此项工作的人员必须具备一定的专业知识、技能和良好的职业道德。

专业知识方面，应具备高校图书馆学、情报学、信息学、文献学、新闻学与传播学、计算机学、高校图书馆参考咨询知识、学校专业学科等知识。这些知识的掌握成为学术期刊咨询的理论基础，是顺利开展咨询服务的必备条件。

专业技能方面，熟悉高校图书馆参考咨询的业务，娴熟地使用计算机网络、打印机、复印机等设备，具有一定的语言表达能力和文字处理能力，文献查询能力强，信息检索、分析、提取效率高。

职业道德方面，热爱本职工作，尊敬读者，热心为读者服务，爱护公物，节约资源；能够积极进取，不断充实自己，及时地将学到的知识与本领应用到工作中，不断提高工作效率和业绩。

2. 学术期刊咨询服务的多样方式

由于读者咨询的内容丰富多样，因此开展咨询的活动形式也应该多种多样。主要形式有以下几种。

第一，当面解疑答问。学术期刊咨询可设立专室专岗由专人负责或者在阅览室指定专人负责。工作人员可佩戴咨询上岗证上岗服务，注明"期刊咨询馆员×××"。当面解答读者学术期刊阅览中存在的问题，主要就读者提出的期刊到馆、期刊层次、过刊处理、期刊查找、远程访问等问题予以答复，帮助他们查找所需的期刊资料，提供个性化的服务。

第二，网络咨询服务。利用高校图书馆服务系统、电子邮箱、校园网网络论坛（BBS）等手段，与读者进行互动联系。网络咨询服务是在互联网、高校图书馆局域网、校园网比较发达的基础上发展起来的新的咨询服务形式，已经改变了传统的高校图书馆参考咨询服务的形式，在一定程度上提高了高校图书馆参考咨询工作的效率。网络咨询服务具有超越时空界限、信息传递快捷、信息传输量大、读者可以直抒己见等优点。网络咨询服务可以和面对面咨询一样回答读者的问题，向读者提供有关信息，更为重要的是可以帮助读者查找学术论文等资料，通过网络发送给他们，实行资料的网上推送，充分发挥高校图书馆学术期刊服务的专长。

学术期刊咨询服务可以充分地发挥馆藏学术期刊资源的优势，扩大馆际学术期刊资源共享的范围和成效，有利于深化学术期刊服务，提升服务层次，加强高校图书馆与读者的联系，进一步提高高校图书馆学术期刊服务的质量和效益。因此，学术期刊咨询服务应该受到高度重视，不断地开拓研究，以形成别具特色、成效卓著的服务类型。

第四节　高校图书馆学术期刊评价的管理

一、学术期刊评价概述

高校图书馆学术期刊评价，是指高校图书馆为了满足学校教学和科研的需要，围绕学科与专业的需求，在学术期刊的采访、著录、典藏、阅览等业务方面进行分析和界定，以指导高校图书馆学术期刊工作的活动。这种评价针对学术期刊及高校图书馆管理进行，通过定性、定量、专家评议等方法，以现有的期刊评价成果为基础，以学校及主管部门规定的学术期刊评价指标为依据，制定出具有本校与本馆特色的最终评价标准，并且确定出相应的学术期刊级别与种类。

高校图书馆学术期刊评价是一种二次评价，其评价成果主要表现为订购的学术期刊、加工收藏的学术期刊资源、提供的学术期刊服务，以及开发的二次文献等馆本资源，对高校图书馆期刊工作、高校科研工具都有显著的参考和导向作用，因此备受师生关注。

（一）学术期刊评价的原因

1. 学术期刊评价的必要性

高校图书馆学术期刊资源建设的根本目标是利用有限的人力、物力、财力资源，在有效的时间内建立高质量的学术期刊资源，以充分保障读者的阅览需求。因此，必须对学术期刊的发展现状有比较透彻的了解，对高校图书馆的学术期刊工作情况开展深入的研究，分析现有的学术期刊资源是否适合高校图书馆学术期刊工作的要求，分析高校图书馆采购和收藏的学术期刊资源是否能够满足读者的需求。这样，就必须采用一定的理论、设备、技术、方法对学术期刊进行评价，判定馆藏学术期刊资源的实用性、有效性、充足性、保障性及缺陷性，以便及时地调整、修订资源建设的目标和方向，提高资源建设的效率。

2. 学术期刊评价的可行性

学术期刊评价是高校图书馆学术期刊工作的首要环节，是学术期刊资源建设与利用必须面对的战略性问题。应该说，从每所高校图书馆建立开始，随着学术期刊工作的不断发展，学术期刊评价就已经自觉或不自觉地开展起来，不管是有意还是无意，这种评价都是存在的，并且是必需的、不可或缺的。由此可见，学术期刊评价是可行的。这种可行性建立在一定的基础之上。

第一，高等院校学科、专业的发展需要为学术期刊资源建设奠定了基本格局。从高校图书馆学术期刊资源建设情况来看，一般情况下，采购的学术期刊资源都是围绕学校的教学和科研需要进行的，学校没有的专业，就不订购或很少订购。例如，非医学类高校图书馆一般就不会订购医学专业的学术期刊或者专业性很强的医学期刊，通常只是有限订购《中国校医》《中国学校卫生》等为数很少的具有一定普适性的医学期刊。围绕专业需要建设学术期刊资源，就是依据专业诉求所进行的学术期刊评价，决定了学术期刊资源建设的范畴和框架，使学术期刊工作能够有的放矢，按照一定的标准进行管理。

第二，有关部门的评价要求为学术期刊评价确定了方向。为了满足高校师生评定职称、获得学位、科研奖励、项目结题等需要，提高教学、科研水平，提升学校的学术影响力、声誉、地位，高校通过定性、定量、专家评议等方法，对相关的学术期刊进行评价，确定出符合本校发展要求的学术期刊评价标准与学术期刊，以指导师生学习和利用学术期刊。从现有评价来看，高校对学术期刊的评价依据上级主管部门关于教职员工职称评定、科研项目结题鉴定等的文件，以及国内外现有的著名期刊评价成果，由此形成本校的学术期刊评价体系和评价要求。这就为高校图书馆的学术期刊评价指明了方向。高校图书馆的学术期刊工作正是遵循学校的有关评价规定实行的，在此前提下，高校图书馆再根据自身学术期刊资源建设的需要，进一步制定出自己的评价标准和评价体系，以指导工作。

第三，现有的各种学术期刊评价成果为高校图书馆的学术期刊评价提供了借鉴。学术期刊评价是建立在一定的科学方法和指标基础之上的。随着国内外学术期刊评价理论、评价方法的不断丰富和完善，学术期刊评价的成果也日趋科学化、权威化，其理论和方法值得高校图书馆学术期刊评价时借鉴。虽然高校图书馆学术期刊评价主要是围绕高校图书馆工作进行的，具有明显的高校图书馆特色，但是评价的原理、方法、方式等有很多可资借鉴之处。也正因为如此，高校图书馆的学术期刊评价有着坚实的理论基础和实践基础，开展学术期刊评价的条件比较充分。

第四，丰富的学术期刊馆藏资源为学术期刊评价创造了无尽的信息资源。学术期刊资源是极其重要的馆藏资源，其情报价值高于其他文献，重要性居于各类文献之首。无论是现实的馆藏资源，还是虚拟的在线资源，无论是本馆的资源，还是其他文献收藏单位和机构的资源，都可以成为评价的对象，都可以为评价提供文献支撑和保障。我们经常会发现，许多从事学术期刊资源评价研究的学者，广泛地获取国内外学术期刊信息资源开展评价研究，取得了丰硕的成果。学术期刊资源是学术期刊评价之本，它不但成为评价的对象，而且也成为评价的基础。学术期刊评价必须扎根于学术期刊资源之中，密切注意其发展动向，敏锐地发现新的问题，深入地开展研究，才能有所建树。

第五，日趋先进完备的设备和技术条件为学术期刊评价创造了便利的条件。学术期刊评价需要以大量的学术期刊资源为考察对象，在纷繁芜杂的现象中，获取有价值的信息加以分析比较，区别出彼此差异，界定出优劣高低，这种研究工作量往往非常强，复杂程度高，难度很大，为个人力量和手工查检处理所无法胜任。例如：对学术期刊的全文转载量、全文转载率、引用量、万维网（Web）下载量、索引量、数据库收录等的统计研究，以便评价刊物的影响因子、学科专业排名、学术影响力、社会知名度等，如果个人运用传统的纸质文献查检与统计的方法，那么是根本无法完成的。从目前的学术期刊评价成果来看，国内外著名的评价成果都建立在大型期刊数据库的强大的数据处理功能基础之上，数据库之多，数据处理技术之先进，保证了评价研究的高深化和精准化，形成的评价成果宏观性强，实用价值高，社会影响巨大，传播广泛深远。目前，随着高校图书馆学术资源投入的持续增加，高校图书馆拥有越来越多的学术期刊资源数据库，并且这些数据库的资源处于不断充实完善之中，为学术期刊研究创造了越来越好的资源条件。与这些数据库相伴的是大量先进多媒体设备的投入使用，工作人员的操作技术日益提高。这些使高校图书馆的学术期刊评价成为可能，为开展评价研究注入了希望。

第六，学术期刊评价者不断提高的科研素质为评价创造了条件。高校扩招以来，高校图书馆入职人员的素质得到了较大提高，不但高校图书馆学、情报学、文献学、计算机学等各种专业人才大量进入高校图书馆工作，而且工作人员学历层次也有了大幅度的提高，每所高校图书馆的本科、硕士、博士学位人员都在不断增多，馆员、副研究馆员、研究馆员等专业技术职称人员比例进一步扩大。这些情况说明，高校图书馆工作者的素质总体上有了很大的提高。这些人员中，获得过硕士以上学位、副研究馆员以上职称的人员一般都具备了一定的科研意识和能力，只要适当地组织和引导，就能够担当起一定的科研任务。其中，从事学术期刊工作的人员比较多，特别是不少学历较高的年轻馆员及多年从事期刊工作的高级职称工作人员，他们通常都被配置在期刊采访、著录、参考咨询、资源开发等专业技术性较强的岗位上，这就使他们有更多的机会从事学术期刊的评价工作，利用自己的专业特长和工作经验，去开展评价研究。从学术期刊评价的所有要素条件来看，研究者是最终的决定性因素，他们的素质状况直接决定了学术期刊评价的兴衰成败。因此，着力提高学术期刊工作者素质，是高校图书馆开展学术期刊评价的根本保证。

（二）学术期刊评价的意义

高校图书馆学术期刊评价，具有重要的作用和价值，有利于指导与推动高校图书馆学术期刊管理工作，促进学术期刊管理理论的建设。

1. 有利于提高高校图书馆的地位和声誉

高校图书馆通过学术期刊评价，获得了一定的科研成果，尤其是在学术期刊评价上握有一定的话语权，使高校图书馆在馆外的地位和声誉不断提高，这对高校图书馆的发展十分有利。例如，北京大学图书馆研制的《中文核心期刊要目总览》使其扬名海内外，"北大版核心"成为北京大学图书馆的一块金字招牌，为百年北大赢得了广泛的赞誉。高校图书馆利用自身学术期刊的资源优势及人力、物力、技术的专长从事学术期刊评价，取得的研究成果将是学校其他系部所不具有的。因此，其研究具有一定的专有性和独特性，在学校的科研中具有重要价值。而且，高校图书馆的学术期刊评价也可以为学校的科研评价提供借鉴和参考。例如：对学术假刊的鉴别，可以让本校师生员工了解具体的假刊出版发行情况，避免上当受骗；对各档次学术期刊的界定与区分，可以使科研工作者正确选择适合自己的学术期刊，发表学术论文。所有这些表明，高校图书馆的学术期刊评价对学校的科研发展具有重要的价值和作用。

2. 有利于提高高校图书馆的科研水平

高校图书馆学术期刊评价是科研工作的重要内容，这项研究具有起点高、基础好、能力强、人员多等特点，这对高校图书馆学术期刊评价研究者是一种很大的挑战，也是一种很好的锻炼。学术期刊评价的应用目的非常明确，主要为教学、科研、馆藏资源建设提供决策参考和执行依据，其成果多直接被研究者采用，如他们会根据高校图书馆订购的学术期刊投稿，会根据馆藏学术期刊资源查找资料，会利用高校图书馆提供的学术期刊共享资源去寻求更多的信息帮助。同时，高校图书馆学术期刊评价往往需要多人协作，才能完成比较复杂艰深的评价任务。通过学术期刊评价，可以较大幅度地提高高校图书馆的学术期刊研究水平，推动高校图书馆的科研事业取得长足的发展。

从高校图书馆的学术期刊评价的现状来看，学术期刊研究是高校图书馆科研中比较活跃的一种科学活动，每年都有大量的科研成果面世。这些从事学术期刊评价的研究者取得了较多较好的科研业绩，成为高校图书馆的科研骨干。他们在高校图书馆科研工作中具有良好的示范带动作用，其影响作用不断扩大。

3. 有利于提高高校图书馆学术期刊资源建设质量

高校图书馆学术期刊评价的重要任务是为学术期刊资源建设确定目标、方向和计划，使学术期刊采购能够按照既定的要求进行，避免因为主观盲目性而给资源建设带来不必要的损失。经过评价订购的学术期刊一般都是比较适合读者阅览利用和高校图书馆收藏要求的，这样的学术期刊总体上学科专业结构比较合理，各层次刊物配置适当，相应层次的读者都有其适合选择的刊物。在馆藏学术期刊资源方面，经过评价，会使资源得到整合与优化，资源总量能够满足读者的较大需求，资源布局有利于读者阅览利用，资源配置的设备及采用的技术条件有利于读者更好地利用学术期刊。而且，通过资源的共建共享、虚拟资源的链接等方式扩大的学术期刊资源，也能够较大幅度地提高资源的保障率，使资源可以满足读者的更大需要。

4. 有利于提高高校图书馆学术期刊服务水平

学术期刊评价使资源建设质量得以提高，这就要求学术期刊的服务也能适应读者的要求。随着科研评价的不断提高，读者对学术期刊的质量要求也在不断提高，相应的学术期刊服务也应该随之提高。学术期刊评价所确定的学术期刊必须通过采购、著录、加工、典藏、阅览等具体的工作，才能变成读者可以利用的资源，科研评价标准提高了，相应的服务质量和水平必须提高。例如，随着国外学术期刊数据库在高校科研评价中的需求不断增加，高校图书馆在财力、设备、馆舍等物质条件许可的情况下，就必须提高专业人员的外语、数据库操作、资源加工处理等业务素质，以满足读者的要求。再比如，随着学科、专业建设的不断深化与提高，教学、科研工作者对专业学术期刊服务的要求越来越高，专业期刊馆员应运而生。在工作中，要求他们对服务的专业、学科要有比较广泛深入的了解，知悉当前研究的前沿、热点问题，以便为读者选择提供合适的学术期刊资源。这种服务具有很高的水平，因此专业期刊馆员要积极热情，敢于奉献，才能取得理想的成效。

（三）学术期刊评价的特点

1. 从属性

高校图书馆的学术期刊评价依据于学校科研评价、教学评价、高校图书馆评价、高校图书馆学术期刊资源建设评价等多种评价指标与要求，是一种二次评价。无论是纯学术期刊评价，还是基于学术期刊服务的评价，都是在有关规定的评价范围内进行的。因此，高校图书馆学术期刊评价具有一定的从属性，必须依照一定的原则、规划、质量进行。这种从属性一方面为高校图书馆学术期刊评价指明了方向，使其目标明确，能够按照规定开展研究，取得工作成效；另一方面，又限制了学术期刊评价的发展，使高校图书馆学术期刊工作过于围绕评价标准，功利化倾向严重，影响了高校图书馆学术期刊资源建设的完整性、独立性和深入性，这种弊端对高校图书馆学术期刊资源建设具有一定的负面影响。因此，高校图书馆学术期刊评价必须正确处理从属性与自主性的问题，以适当的形式开展工作。

2. 服务性

高校图书馆学术期刊评价的根本目的是为工作服务。根据评价所采购、建立的学术期刊资源直接提供给读者阅览利用。评价是为了使获得的资源比较符合读者的需要，使现有的资源能够得到有效的开发利用。因此，学术期刊评价重在界定学术期刊的种类与数量是否符合学科和专业的需要，以及资源建设的规模、质量、方式、方法是否有利于推进期刊的服务。同时，结合期刊服务的反馈信息，了解学术期刊工作的优缺点，以便采取有效措施改进学术期刊的评价。由此可见，开展学术期刊评价不是高校图书馆的目的，而是为高校图书馆更好地管理学术期刊提供服务。

3. 灵活性

高校图书馆学术期刊的评价在遵循有关的原则和规定的前提下，应该采取灵活应变的策略来开展研究。虽然有相关的评价指标约束限制，但是这些指标一般只规定一定数量的各个等级的学术性刊物，与高校图书馆读者的需求相比，还有不少学术期刊可以由高校图书馆自主评价，决定是否订购与收藏。高校图书馆学术期刊资源建设有其自身的客观要求与规律，不能完全遵照有关的评价标准执行。因为随着科研评价、教学评价等评价的不断提高，这些评价的短期性、功利性、主观性的特点比较明显，与高校图书馆学术期刊资源建设的持续性、完整性、普适性的要求存在着一定的差距。所以高校图书馆学术期刊评价应该灵活地处理资源建设与服务的问题，既要使资源建设有利于各项评价，又要使评价有利于高校图书馆的学术期刊资源建设和服务，促进工作的健康和谐发展。

4. 学术性

高校图书馆的学术期刊评价是一种科研活动。评价之前，必须对有关的评价指标、学术期刊资源等评价对象进行深入的调查研究，熟悉其基本情况，分析其优点与不足，找到评价的立足点与切入点。评价时，必须采用科学的方法，按照一定的指标要求进行研究，找出具体的问题，提出解决问题的措施，形成最终的评价成果。这些成果应用到高校图书馆的实际工作中以后，还要对其进行检验，及时发现存在的问题与不足，并且在今后的评价中注意克服与纠正。因此，高校图书馆的学术期刊评价是一项科学性很强的工作，其研究本身就是一种学术性活动，形成的成果也具有较高的学术性，是一种高智力与高学术水平的活动。

二、学术期刊评价的原则与方法

（一）学术期刊评价的原则

高校图书馆学术期刊评价应遵循以下基本原则。

1. 目标性原则

高校图书馆学术期刊评价旨在为教学、科研建立高质量的学术期刊资源保障，评价的目标非常明确。因此，学术期刊评价应该坚持目标性原则，明确评价的对象，科学地分析评价对象的特征、属性、发展状况，了解评价对象存在的问题，针对这些问题提出有效的整改措施。坚持目标性原则，就能够使学术期刊评价有的放矢，提高工作效率。由于高校图书馆学术期刊评价的目标具有多样性的特点，要承担科研评价、教学水平评价、合作性评价、馆藏资源建设评价等多种评价。因此，在评价过程中，应该统筹兼顾，抓住评价的共同之处，尽可能扩大评价的适应范围，确定具有普遍适应性的学术期刊资源。这种资源可以作为馆藏核心学术期刊资源，予以重点建设，以适应各种评价的要求。

目前，不少高校图书馆都确定了自己的学术期刊采购原则和细则，其中，不少就明确规定学术期刊应该选择核心期刊、中文社会科学引文索引（CSSCI）来源期刊、教育部名刊工程期刊等国内著名的评价成果确定的期刊，这些规定使高校图书馆订购学术期刊的目标非常明确，订购到的学术期刊的质量也逐渐提高。

2. 需求性原则

高校图书馆学术期刊评价的目的是满足教学科研的需要。因此，必须充分地了解读者的学术期刊文献信息需求，明确知道他们所需要的学术期刊的种类、数量、专业、学科的情况，尽可能知道他们需要的知识内容，以便于通过必要的方法帮助他们查询到所需的文献信息。

可以说，满足读者需求是高校图书馆学术期刊评价的首要原则。在此原则下，学术期刊评价就会树立正确的目标和方向，力求使采购的学术期刊、建设的学术期刊资源、采用的设备技术、任用的工作人员等符合读者服务的要求，以提高工作效率。

3. 科学性原则

高校图书馆学术期刊评价是一项严谨、规范的科学研究工作，各种评价指标的分析采用、本馆评价标准的制定、评价方法、评价程序、评价成果等无不具有科学性，需要建立在认真研究、大胆探索的基础之上。这种评价是集体智慧的结晶，经过共同研究最终确定下来。这种评价建立在现有的评价基础之上，建立在读者需求的基础之上，建立在高校图书馆学术期刊资源建设的多年实践基础之上，因此具有很强的客观性和实用性。并且，评价成果易于接受学术期刊资源建设和工作实践的检验，是否成功有效，比较能够明确地显示出来。例如，订购的专业学术期刊是否被师生员工广泛接受？利用率如何？还有哪些学术期刊是读者已经利用过的而本馆没有订购？通过适当调查，这些问题很快就能得出明确的结论。

4. 适中性原则

由于学术期刊的竞争日益加剧，学校教学、科研的要求不断提高，各种与学术期刊评价有关的评价标准也在不断调整和提高。以学术期刊评价为例，北大版中文核心期刊每4年为一个评审周期，中文社会科学引文索引（CSSCI）来源期刊每2年为一个评审周期。评定的周期长短不一，且相较短，这既为学术期刊的发展留有了一定的时间，同时，也为它们规定了竞争的时间表。因此，学术期刊的变化应该是预料之中的事情，在学术期刊采购评价中，应该注意取舍。

同时，对于符合要求的学术期刊也应该根据学校的专业、学科设置情况加以选择，并非所有期刊都适合订购，也并非所有订购到的学术期刊都适合收藏，在评价中应该根据具体情况，灵活应变。这样才能保证采购到的学术期刊比较适合读者需要，建设的学术期刊资源比较适合高校图书馆收藏。

（二）学术期刊评价的方法

高校图书馆学术期刊评价的主体有高校图书馆学术期刊工作者、馆内外专家、读者、主管机构等，通常采用指标法、比较法、读者评价法、专家评议法等方法进行评价。

1. 指标法

所谓指标法，是根据现有的学术期刊评价指标及高校图书馆自身制定的学术期刊评价指标，对学术期刊资源与服务进行评价的方法。

从目前的学术期刊评价成果来看，纯粹的学术期刊评价指标包括很多方面，如学术期刊载文的被转载量、被文摘量、被引用量、他引量、被转载率、被摘录率、被索引量、基金论文比、Web 下载量、H 指数，以及学术期刊的影响因子、获奖情况、被重要检索系统收录情况等。这些指标是当前学术期刊评价中比较流行的方法，具有一定的科学性，对学术期刊评价时，综合应用这些指标，力求使评价科学、公正、方便、实用。

就高校图书馆自身的学术期刊评价而言，其评价指标主要包括以下几方面，如学术期刊的订购量、学术期刊占期刊订购总量的百分比、学术期刊中各等级期刊的百分比、学术期刊的阅览量、学术期刊的阅览率、学术期刊资料的摘用量、学术期刊的被查检量、学术期刊的被查检率、学术期刊的收藏量、学术期刊的收藏率、学术期刊的馆际交流量、学术期刊的馆际交流率等。

运用指标法可以明确地对学术期刊进行分解，从不同的角度对其进行全面的考察和界定。其主要运用数学方法进行计算，对学术期刊进行定量的描述和等级确定，准确性较高，可信度较大。

2. 比较法

学术期刊评价是对多种期刊进行的比较，通过相互比较来区分其高低优劣。就高校图书馆学术期刊评价而言，这种比较包括纵向比较、横向比较、馆际比较等形式。

纵向比较是对高校图书馆学术期刊资源建设与服务进行的历史性的审视与对比，厘清发展的脉络与轨迹，指出进步与优点，找出存在的问题，为今后的发展指明方向。通过纵向比较，我们可以看到高校图书馆学术期刊建设的成就，看到工作的成效，增强工作的信心，使工作做得更好。

横向比较是将高校图书馆学术期刊资源与其他馆藏资源、学术期刊服务与其他服务、学术期刊工作的成效与其他工作的成效等所进行的比较。这种比较有利于揭示出学术期刊资源建设在高校图书馆资源建设中的地位与作用、学术期刊工作的效益，以及学术期刊资源建设存在的缺点和不足，并针对存在的问题，采取有效措施予以解决。

馆际比较是将本馆学术期刊资源建设、服务同其他高校图书馆进行对比，主要是对期刊订购、收藏的种类、数量、学科与专业配置、资源布局、读者阅览、开发利用、共建共享等方面进行比较，找出本馆与其他高校图书馆的共同之处，发现存在的差距与不足，以便于学习他馆先进的管理经验和工作方法，弥补缺陷，提高本馆的管理效率和服务质量。

3. 读者评价法

读者评价法是一种辅助性的学术期刊评价方法，通常情况下，事先拟定需要评价的项目，针对高校图书馆学术期刊资源建设与服务中的具体内容，通过召开读者座谈会、在读者中随机抽样调查、问卷调查、网上评价等方式，了解读者的评论意见，获知他们对高校图书馆学术期刊工作的认识和利用情况。读者是学术期刊资源利用的主体，他们对学术期刊资源及其服务工作的优劣比较有发言权。从利用的角度来看，他们的评价专业性比较强，可以让高校图书馆学术期刊工作者知晓工作的成功之处和不足之处，弥补他们因为不能充分了解读者的真正需求而导致的工作偏差，从而有效地提高高校图书馆学术期刊评价的全面性、准确性和有效性，使评价工作能够更好地促进学术期刊工作的开展。

4. 专家评价法

专家评价法是一种组织馆内外专家学者对高校图书馆的学术期刊资源建设与服务进行评价的方法，包括高校图书馆内部组织的专家评价、学校组织的专家评价、有关机构组织的专家评价等形式。

高校图书馆内部组织的专家评价是为了高校图书馆选拔期刊业务骨干、学术研究骨干及文献采购、编目、电子阅览等其他业务骨干组成专家小组，对学术期刊的各项工作进行评价，了解其优点与不足，总结成绩与成功的经验，为高校图书馆学术期刊资源建设更好地发展献计献策。

学校组织的专家评价的目的是组织校内外专家、学者对高校图书馆的学术期刊资源建设和服务工作进行评估与界定。通过他们的评价，可以在一定程度上反映读者对学术期刊工作的意见和看法，为高校图书馆今后工作提出目标与建议。这种评价往往具有一定的主观性，对高校图书馆学术期刊工作的影响较大。

有关机构组织的专家评价主要是上级主管机构、馆际合作机构等组织专家对高校图书馆学术期刊资源建设和服务进行的评价。这种评价是为了资源建设达标、质量验收、评估定级等，往往具有较强的权威性和导向性，对高校图书馆学术期刊工作影响深远。

三、学术期刊评价的指标内容

从现有的学术期刊评价成果来看，主要采用多项指标进行评价。依据这些指标，建立评价体系，对学术期刊进行比较鉴别，评选出符合等级要求的各类刊物。高校图书馆学术期刊评价借鉴这些指标及其评价方法，构建了自身的评价指标和方法。

高校图书馆针对学术期刊资源建设与服务进行的评价，其评价指标主要包括以下方面。

（一）学术期刊的订购量

学术期刊订购量包括现刊订购量和历年来的累积订购量。

1. 现刊订购量

现刊订购量是指本年度学术期刊订购的种类与数量，可以反映出高校图书馆学术期刊投入的资金量，以揭示学校、高校图书馆对学术期刊的重视程度；可以反映出适于学科、专业发展要求的学术期刊的种类与数量的结构、配置与布局，揭示出高校图书馆学术期刊资源的保障程度；可以反映出学术期刊连续订购的种类与数量，说明所订购学术期刊的质量稳定程度及读者使用的连续程度；可以反映出新增学术期刊的种类与数量，以揭示出各种评价的需求及学术期刊竞争消长的发展势头；可以反映出本馆学术期刊订购量与他馆学术期刊订购量的差别，以找出存在的问题与不足，寻求合作与帮助。凡此种种情况说明，高校图书馆学术期刊现刊订购量是学术期刊工作的基础，是资源总量累积的最原始方式，在高校图书馆学术期刊工作中具有决定性的战略地位，对其进行评价，是做好学术期刊工作的重要保证。

2. 累积订购量

累积订购量是指高校图书馆建馆以来每年订购的学术期刊累积后的种类与数量之和，由该量可以揭示出高校图书馆学术期刊资源的增长幅度和资源总量，以了解高校图书馆发展的状况。考察学术期刊累积订购量，可以逐年累积统计，按照当年学术期刊订购量、当年学术期刊累积量来列表统计。并且，可以在此基础上绘制柱状图或者折线图，以直观地说明发展的情况。利用累积订购量，可以区分出不同阶段的订刊情况，对各个阶段进行对比，以说明高校图书馆学术期刊资源建设的阶段性进展状况。也就是说，既可以对建馆以来的全部订购量进行统计分析，也可以对某一阶段的累积订购量进行统计分析，还可以划分出不同的阶段，按照每个阶段来进行比较分析。

（二）年度学术期刊订购百分比

一般情况下，每年高校图书馆订购学术期刊都是与非学术期刊一同进行的。学术期刊作为高校图书馆订刊的主体，在订购的学术期刊总量中所占比重很高，种类、数量、购置资金都远远超过非学术期刊。高校图书馆学术期刊订购量，取决于学校学科与专业的教学、科研的需要，以及资金投入量，需求量大，资金投入量大，订购的学术期刊的种类就多，数量就大。用公式表示为：

$$年度学术期刊订购百分比 = \frac{当年学术期刊订购量}{当年全部期刊订购量} \times 100\% \qquad (2-2)$$

式（2-2）中的订购量是指种类的数量。

年度学术期刊订购百分比反映了高校图书馆学术期刊年订购量在总订刊量中的比重，揭示出高校图书馆对学术期刊的重视程度，以促进学术期刊资源建设的宏观规划与调整。

（三）等级学术期刊订购百分比

高校图书馆根据各项评价任务和本馆馆藏的需要，在订购的学术期刊中确定各个等级学术期刊的种类与数量，使学术期刊符合各等次评价的需要，符合读者的多元化、差异化需求。目前，各高校图书馆都规定了学术期刊的等级，列出了每个等级的学术期刊的种类与数量。其中，等级靠前的学术期刊一般数量较少，具体列出了刊名，而等级靠后的学术期刊数量较多。就等级期刊分布来看，总体呈现出金字塔形状。这样，在全部订购的学术期刊中，对每个等级学术期刊进行统计分析，计算其所占百分比，可以在一定程度上反映出学校的科研实力和水平。

（四）学术期刊的阅览量

学术期刊的阅览量是指订购的学术期刊被读者阅览的种类、数量及阅览人次。阅览量的统计比较复杂，需要采取一定的手段才能进行必要的统计，为评价打下基础。现在学术期刊都实行开架阅览，为了计算阅览量，可以在学术期刊阅览室设置借阅台，让读者借取期刊后经过借阅台登记下刊名、刊期、作者、专业等信息，逐日进行统计，然后月度累计，半学期、一学期、一学年累计，这样可以大致了解学术期刊的阅览量。这种统计的工作量比较大，需要持之以恒，每日不断，才能统计出比较符合事实的数据。通过统计，可以确定出读者阅览的学术期刊的种类、册数、阅览人次，了解学术期刊的利用情况。某些学术期刊阅览量很低，甚至阅览量为零，说明这些期刊可能档次太高，读者能力有限，难以阅读；或者为冷僻的学科与专业，与读者自己的专业无关，无人问津；或者层次太低，读者不屑一顾。对于这些刊物，就应该予以重点分析，对确实不适合的刊物就要考虑停止订购。

（五）学术期刊的阅览率

学术期刊的阅览率是在学术期刊阅览量的基础上统计出来的结果，指被读者阅览过的学术期刊种数占全部学术期刊种数的百分比。用公式表示为：

$$学术期刊的阅览率 = \frac{学术期刊阅览量}{学术期刊订购量} \times 100\% \qquad (2-3)$$

式（2-3）中，学术期刊阅览量大，则学术期刊的阅览率就高；反之，则低。阅览率高，说明订购的学术期刊比较受读者的欢迎。可见，学术期刊阅览量是决定阅览率的关键。在高校，学术期刊阅览量具有较大的差异性和波动性。硕士及以上学历、学位者，中级以上职称的教师和职工，他们对学术期刊的使用量较大，如果专门为他们设立专业性较强的学术期刊阅览室，则学术期刊的阅览率就会比较高。在时间方面，每年9月至来年5月，是本科生、硕士生、博士生撰写学位论文的时间，他们要大量集中阅览学术期刊。因此，这一时期学术期刊的阅览量比较大，阅览率也就比较高。

从阅览率的高低可以看出学术期刊阅览的大致情况，可以适当采取措施提高阅览率。

（六）学术期刊资料的摘用量

读者阅览学术期刊，经常要复印或下载文章，或者摘抄文章的内容，如将其规定为摘用，则有多少种次学术期刊被摘用，有多少篇次文章被复印或下载，有多少篇文章的内容被读者摘抄，这些统计结果，就是学术期刊资料的摘用量。摘用量能够反映出读者利用学术期刊的情况，有助于学术期刊工作者了解学术期刊的价值和作用。摘用量高的刊物，则使用价值可能比较高，收藏价值就比较大。

（七）学术期刊的被查检量

读者利用学术期刊，除翻阅具体刊期的学术期刊外，还要大量利用各种检索工具，查阅检索学术期刊。目前，常用的检索性工具有：纸质的检索性期刊，如中国人民大学书报资料中心编辑出版的《复印报刊资料索引》、上海图书馆编辑出版的《全国报刊索引》等；电子检索期刊，主要是检索数据库，如中国人民大学书报资料中心的复印报刊资料索引数据库等。另外，就是本馆馆藏学术期刊目录索引，这是本馆读者使用学术期刊的钥匙。目前的高校图书馆管理系统中一般都设置了学术期刊子系统，通过子系统可以查检馆藏学术期刊，系统可以统计查检量，这是了解馆藏学术期刊资源利用率高低的有效途径。因此，编制完善馆藏学术期刊目录，建立数字化的馆藏学术期刊目录查检系统，是提高学术期刊查检量和利用量的重要措施。

（八）学术期刊的被查检率

在学术期刊的被查检量统计的基础上，与学术期刊总收藏量进行比较，就可以得出学术期刊的被查检率。用公式表示为：

$$学术期刊的被查检率 = \frac{学术期刊的被查检量}{学术期刊订购量} \times 100\% \quad (2-4)$$

鉴于索引、目录的查检属性，式（2-4）中的学术期刊的被查检量特指被查检的学术期刊的种数，学术期刊收藏量特指馆藏学术期刊的种数。

学术期刊的被查检率反映了学术期刊被读者关注的种类与数量情况，可以揭示出学术期刊使用的有效性。

（九）学术期刊的收藏量

订购的学术期刊并非都适合高校图书馆收藏，高校图书馆将适合收藏的学术期刊通过著录、加工、上架等方式加以收藏，供读者阅览使用，就形成了学术期刊的收藏量。学术期刊的收藏量包括年度收藏量和累积收藏量。年度收藏量包括续订的学术期刊和增订的学术期刊，反映了年度收藏的学术期刊的总量，揭示出投入资金量、收藏学术期刊的增加情况。累积收藏量则反映出高校图书馆历年来学术期刊收藏的总种数、总册数、总资产量，是揭示高校图书馆学术期刊资源规模大小的重要标志。

（十）学术期刊的收藏率

学术期刊的收藏率是指被收藏的学术期刊的种数占总订购学术期刊种数的百分比。用公式表示为：

$$学术期刊的收藏率 = \frac{学术期刊收藏量}{学术期刊订购量} \times 100\% \qquad (2-5)$$

式（2-5）中的收藏量、订购量均指学术期刊的种数。学术期刊的收藏率反映了学术期刊订购的有效性，在一定程度上表明了工作质量的高低，订购前的调研是否深入、细致，以及对学术期刊的编辑、出版、发行、学科与专业属性、读者利用、学术期刊评价成果、本馆学术期刊收藏等是否比较了解。收藏率高，则表明资源建设质量高，工作效益好，资金利用非常有效。

（十一）学术期刊的馆际交流量

学术期刊的馆际交流量是指高校图书馆学术期刊资源用于馆际共建共享的期刊种数，它反映了馆藏学术期刊的质量优劣和服务水平高低。馆际交流的目的是互通有无，发挥资源的特色优势，取长补短。例如，外刊资源匮乏的中小型本科院校图书馆就可以通过共建共享以馆际互借的方式组织读者查阅重点高校图书馆的外刊资料，弥补本馆因资金、人力、学术水平不足而导致读者没有资源可以利用的缺陷，为读者的科学研究创造条件。同时，学术期刊的馆际交流量还反映出高校图书馆的开放程度，对外交流合作的开拓创新精神，可以有效地扩大高校图书馆的影响，提升高校图书馆的地位。

（十二）学术期刊的馆际交流率

学术期刊的馆际交流率是指用于馆际交流的学术期刊种数占学术期刊总收藏种数的百分比。用公式表示为：

$$学术期刊的馆际交流率 = \frac{学术期刊的馆际交流量}{学术期刊收藏量} \times 100\% \quad （2-6）$$

式（2-6）中，馆际交流量、收藏量均指学术期刊的种数。学术期刊的馆际交流率反映了本馆用于馆际交流的学术期刊的比例，可以说明学术期刊资源建设普适性程度高低、本馆学术期刊资源开放程度大小，在一定程度上能够表明本馆在馆际合作与交流中的地位和权限。例如，中国高等教育文献保障系统（CALIS）就明确根据各馆的资历和资源质量，将成员馆分为若干个等级，分别规定其享有的权利和应尽的义务，这在很大程度上是由馆际交流率决定的，同时，也影响着馆际交流率。因此，在资源一体化发展的新形势下，努力提高馆藏学术期刊资源质量，建设一流的学术期刊资源，大力提升服务档次，是众多高校图书馆面临的崭新课题和紧迫任务。

第三章 高校图书馆人力资源管理研究

第一节 高校图书馆人力资源管理的必要性

人力资源管理的根本目的在于培养人、造就人，是建立一支高素质、高层次和高凝聚力的人才队伍，并创造一种能够促进优秀人才脱颖而出的机制。对于高校图书馆而言，如何加强人力资源的开发与管理，利用好人力资源，激发人力资源的潜能，提高工作效率，对高校图书馆的可持续发展起着至关重要的作用。

现代信息技术的发展正在变革着高校图书馆的管理理念，时代的进步对高校图书馆工作人员的素质与技能提出了更高的要求。高校图书馆及其人力资源的角色定位，不再仅仅是信息资源的管理者、组织者和传播者，而更应成为信息资源开发利用的导航者和教育者。而目前从人力资源的管理来看，高校图书馆有效的人力资源管理机制尚未建立，许多高校图书馆只注重对人的管理，而没有注重人力资源的整体配置，高校图书馆工作人员的积极性尚未充分调动，馆员的角色定位尚未找准，从而影响了高校图书馆的整体发展。因此，人力资源管理对现阶段高校图书馆的创新发展有着诸多必要性。

一、高校图书馆适应时代发展的需要

当今社会已步入信息资源数字化时代，信息载体多元化，网络传递便捷化，信息管理知识化，信息服务多样化，服务方式个性化，高校师生对高校图书馆的信息资源需求愈发强烈，对高校图书馆现代化的信息服务也有了更多期待。我国高校图书馆硬件水平已普遍提升，信息资源也极为丰富，高校图书馆正处于由

传统高校图书馆向数字化、复合化高校图书馆过渡的关键时期。各种新兴技术被引进高校图书馆，许多新的业务工作亟待开展完善，这就对高校图书馆工作人员提出了更高的要求，要求他们不仅要掌握高校图书馆学、情报学及计算机、网络等相关专业的知识，还需要具备数据库存储管理、信息搜集整理、信息检索利用等多方面的能力。新形势的来临使高校图书馆人力资源的开发与管理已迫在眉睫。

在高校图书馆服务基础发生了根本性变化的形势下，高校图书馆只有本着与时俱进的发展理念，开展多种形式的知识和信息资源服务，尽力满足用户的需求，才能使高校图书馆事业的发展顺应时代前进的步伐，才能真正起到作为学校的文献信息保障中心的作用。现实中，传统高校图书馆的诸多职能正在被数字化、网络化高校图书馆所取代，服务功能随之不断扩展，在高校图书馆现代化管理中，计算机技术、网络化技术已得到广泛的应用。无论这些管理技术是多么先进，功能多么完备，也必须由高校图书馆的人力来管理和操作，高校图书馆功能的实现关键还有赖于高校图书馆工作人员有较高的整体素质和业务能力。

但由于高校图书馆原有的管理思想陈旧保守，再加上历史和现实的因素，大多数高校图书馆都不同程度地面临着两个方面的问题：一是高校图书馆机构臃肿，冗员堆积，效率低下，大部分高校图书馆工作人员长期保持岗位的高度稳定；二是高校图书馆学历层次高、知识结构合理、业务能力强的优秀人才在不断流失。要适应时代发展变化需要，高校图书馆必须打破原有陈旧的管理思想传统，创新人力资源管理的理念，改善人力资源结构，对高校图书馆人力资源进行有效合理的开发配置，充分调动广大高校图书馆工作人员的积极性，大力发挥高校图书馆人力资源的潜力，留住高校图书馆事业发展所需的人才。只有具备了强大的人力资源这一基础，高校图书馆才能保证知识传递及时、准确、高效，从而更加有力地推动新时代高校教学、科研的快步发展。因此，加强高校图书馆人力资源管理，是适应时代发展的客观需要。

二、高校图书馆馆员自我价值实现的需要

当前，高校图书馆对文献信息资源的管理，已经从传统的以手工为主的管理

手段转变到以自动化、网络化、数字化等现代技术为主的管理手段上，高校图书馆工作人员作为知识和智力的载体，在高校图书馆的生存和发展中成为首要因素，高素质、高层次的知识创新型人才和专家成为促进高校图书馆发展最重要的资源。因此，高校图书馆事业的发展，必须依靠广大高校图书馆工作人员的积极参与，发挥他们的聪明才智，这就要求高校图书馆在人力资源管理上必须能充分调动他们的积极性、主动性和创造性，使他们具有主人翁的责任感，在高校图书馆工作岗位上实现自身的价值。

然而，高校图书馆在人力资源管理观念上还存在着误区，还是沿袭传统，只是片面强调对物的投入，忽视对馆员素质的培养和提高。而现代人力资源管理理论的核心正是强调对"人"的重视和投入，强调"人"的主体地位及"人"在组织发展中的重要作用。

高校图书馆只有加强人力资源开发和管理，根据高校图书馆的发展目标，以人为中心，确立高校图书馆工作人员的主体地位，把人力资源作为高校图书馆制定发展战略和发展规划的依据，做好人才培养的长期、中期和短期计划，建立科学的激励和培养机制，为馆员充分发挥潜力提供必要的支持和投入，全方位帮助、鼓励高校图书馆工作人员参加不同形式的学习与培训，使他们从单一的学历型人才成长为能驾驭现代技术和信息知识的应用型人才。同时，高校图书馆的人力资源管理应关心馆员个人的发展，把馆员个人的发展和高校图书馆事业的发展紧密结合起来，根据他们的专长、能力、素质和知识结构，安排相应的工作岗位，为其设计合理的职业生涯规划，使每个馆员在自己适合的工作岗位上施展自己的才华，发挥自己的潜能。另外，高校图书馆的人力资源管理应注重人与人的沟通，为馆员营造和谐融洽的工作氛围，构建一个尊重劳动、尊重知识和尊重人才的良好向上的环境，让每个馆员以最大的热情去积极完成高校图书馆的工作目标，做到人尽其才，各尽其能，从而使高校图书馆工作人员在工作中实现自我价值。

三、高校图书馆业务发展和创新的需要

在如今的数字化时代，高校图书馆的业务工作发生了巨大变化，尤其是在计算机、网络技术的支持下迅速发展兴起的数字高校图书馆，由于数字资源检索、

传递和使用的便捷性，因此其利用率远远超过传统文献信息资源，极大地改变了高校图书馆传统的工作方式、组织结构和管理模式。信息的收集、加工、整理、存储及传递都高度自动化、网络化和数字化。资源的数字化使高校图书馆的业务流程和服务方式发生根本改变，对高校图书馆馆员的素质要求和工作内容也产生了前所未有的改变。随着高校图书馆的服务功能和服务模式逐步转变，一个直接的影响就是，高校图书馆工作人员自己必须先掌握相当的电脑技能和网络知识，克服信息鸿沟，才能为读者答疑解惑，才能向用户提供所需的信息服务。传统高校图书馆那种简单的借还的服务模式已被打破，用户需求已形成多样化、个性化的特征，作为信息导航者的高校图书馆馆员，其知识结构必须复合化，服务内容必须个性化。高校图书馆服务的对象主要是高校的广大师生，他们的知识层次和文化素质都很高，尤其是要给那些专家、教授、硕士、博士等提供服务时，纯粹依靠文化素质低的馆员是根本无法胜任的。

在高校图书馆网络化、数字化的进程中，馆藏文献的数量已经不再是衡量高校图书馆服务能力和对教学科研支撑力的唯一标准，人们更加注重文献信息的组织、开发、导航与传递，并更多地根据读者需求的满意度和满足率及为信息用户提供服务的能力来评价一个高校图书馆。高校图书馆馆员将承担起高校图书馆发展规划的主动参与者、网络信息资源的组织者及知识创新的传播者和创造者的职能，其文化素质、专业水平和技术能力的高低将直接影响信息资源的开发深度和广度及服务质量的优劣。

因此，高校图书馆必须改变管理思想，更新服务观念，加强人力资源管理，真正树立起人力资源管理在高校图书馆管理中的重要地位，开发和培养高素质的复合型人才，吸引和留住高素质人才，以减少人为、主观因素对信息服务效果的影响，最大限度地保障信息服务的准确性、高效性，这是新时代高校图书馆业务发展和创新的必然要求。

第二节　高校图书馆人力资源管理的意义体现

一、有利于调动馆员积极性，激发高校图书馆活力

高校图书馆是为高校教学、科研服务的学术性机构，是高校信息化与社会信息化的重要基地。高校图书馆的生存和发展主要依赖于三大资源：一是物力资源，它包括物理馆舍、技术设备、文献信息资源等；二是财力资源，即经费来源；三是人力资源。其中人力资源是首要的具有主观能动性的生产要素，物力和财力两大资源属于高校图书馆管理的对象和手段，其合理配置和有效运作必须依靠人，需要人去掌控和支配，它们处于完全被动的地位。对于高校图书馆第一要素的人力资源来说，他们是高校图书馆管理的主体，是一种活的资源，他们使用和支配着高校图书馆其他资源，对高校图书馆的发展起着积极的决定性的作用。

现今，一系列先进的高新技术，如计算机技术、网络技术、数字化信息技术等不断应用于高校图书馆，高校图书馆馆员的服务工作已由传统单一的、被动的服务，转向了开放式的、多方位的和主动的服务。这就意味着现代高校图书馆馆员必须具有较强的信息意识和较为广博的学科专业知识，要有敏锐的洞察力、创造力，要有强烈的敬业精神和责任心，要从"图书保管员"转变成"信息领航员"和"信息工程师"。而目前高校图书馆能够适应时代发展，开展高质量的文献信息服务的复合型人才尚处于结构性短缺状况，现代化信息服务工作后劲不足。因此，在现代高校图书馆发展建设中，高校图书馆馆员的主观能动性、积极性、主动性和创造性发挥得如何，将直接影响高校图书馆发展战略目标的实现。

实行以人为中心的人力资源管理，采取各种措施，加强高校图书馆人力资源的引进、开发、培养、配置、使用和管理，健全人力资源管理制度，强化高校图书馆人力资源管理的激励机制和约束机制，充分调动高校图书馆馆员的积极性和创造性，更好地挖掘馆员的潜能，激发高校图书馆的生机和活力，做到人尽其才，才尽其用，提升高校图书馆服务能力、服务水平和服务层次，促使高校图书馆焕

发出勃勃生机。

二、有利于优化人力资源配置，增强高校图书馆凝聚力

在高校图书馆，管理者与馆员之间，馆员与馆员之间，馆员与读者、用户之间，馆员与文献信息资源之间，其配置是否科学合理，直接影响到高校图书馆工作能否顺利开展。高校图书馆业务工作与其他工作一样，需要高校图书馆的管理者与馆员的密切协调配合，需要根据每一个具体的业务岗位情况，把最适当的人放在最适当的岗位上，追求岗位人员配置"人事相宜"，促使他们在合适的岗位上充分发挥自己的聪明才智，不断提高自己的适应能力和业务水平，提高对工作的兴趣，从而保持对高校图书馆业务工作高昂的热情与干劲。

高校图书馆进行人力资源管理，科学地组织和利用人力资源，不断协调人力资源之间及人力资源同其他资源之间的关系，促使人力资源同其他资源形成优化合理配置，就是为了构建一个选拔人才、激励人才、凝聚人才的良好环境。通过高校图书馆人力资源管理，合理配置人力资源，让馆员之间相互尊重，以诚相待，友好相处；工作中互相学习，相互支持，勇挑重担；让每一个馆员都能从事他擅长的、爱做的工作；使每个馆员都能将个人的前途、命运与高校图书馆事业发展的兴衰成败紧密相连，立足于本岗位工作，自觉融入高校图书馆群体之中，形成一种强烈地将本职工作做好、做活、做深、做透、做精、做强、做大的愿望。高校图书馆有了这样一种良好的发展环境，就能够有效保持高校图书馆内部的动态平衡，可以促使馆员对高校图书馆产生强烈的归属感和责任感，并能培养馆员的全局观念与大局意识，保证在工作中齐心协力，步调一致，分工不分家，密切配合，通力协作，使高校图书馆内部各项工作有条不紊地开展，高校图书馆的向心力、凝聚力不断提升，高校图书馆人力资源群体的力量得以充分有效地发挥。

三、有利于培养和开发人力资源，提升高校图书馆竞争力

在当今高校图书馆数字化、信息化和网络化时代，高校图书馆服务内容发生了重大变化，馆藏文献信息资料的数量已经不再是衡量一个高校图书馆的唯一标

准，人们更加注重信息的传递。多层次和多样化的读者文献信息需求，决定了馆员知识结构的复合化、学科交叉化与服务方式的个性化。为了主动适应社会新形势对高校图书馆事业发展的新挑战与新要求，高校图书馆需要通过对人力资源的引进、开发、配置、培训、使用和考核等全过程的管理，有规划、有计划地对高校图书馆的人力资源进行有效管理。这样，使高校图书馆馆员尽快掌握现代技术，具备比较全面的各类专业知识，熟悉网络上的诸多服务功能，增强信息化意识，拓展信息来源，善于科学处理信息，能追踪前沿信息、综合分析信息，具有从各种专业数据库中收集、提取信息资源，并进行鉴别、选择、综合分析及加工的能力，具有制作电子文摘、数据文件及有关文献信息目录等资料的编辑水平，能提供更快捷、更省时、更符合读者需求的增值服务，能够针对不同的读者和用户，全方位、多角度、灵活性地选择各种信息资源，为读者和用户提供多重信息服务，帮助读者和用户得到所需的信息，确保文献信息服务的准确性和针对性。

高校图书馆通过培养和开发人力资源，及时发现人才、吸引人才、培养人才和用好人才，引入竞争机制、激励机制和优胜劣汰机制，重构高校图书馆馆员的核心能力，培养新型的高水平、复合型人才，提高高校图书馆馆员信息服务能力，使高校图书馆馆员跟上时代发展的步伐，真正有能力融入信息时代浪潮，从文献信息检索的中间人，变为关注研究人员和信息搜寻者，直接通过网络为这些用户服务，吸引更多的读者和用户使用高校图书馆，以彻底转变传统高校图书馆馆员被动服务的角色，发挥新时代高校图书馆馆员应有的能动作用，跟上人们日益加快的信息步伐，满足人们日益增长的对知识和信息的需求，增强高校图书馆的竞争力。

四、有利于促进馆员自我价值实现，达成高校图书馆和个人目标的双赢

如今的高校图书馆，各种先进的技术和设备不断被引进和应用，信息的组织和传递也日益科技化。科技是由人才在推动、助力的，高精尖科学技术必然是高层次人才的阵地，高校图书馆现代科学技术手段及设备的应用，同样也离不开人才的支撑。因而，人才在现代高校图书馆事业发展中变得越发重要。

现代社会，每个人都十分重视自身价值的实现。对于高校图书馆的馆员而言，无论在什么岗位上，他们都不同程度地期待有机会实现自我价值。尤其是那些具有一定才华的人，对"自我实现"这种人的最高级的人生需求更是强烈渴望，如果他们在高校图书馆岗位上大材小用，不能充分发挥自己的才能，自我价值实现的需求得不到满足，自然就会考虑另谋高就，寻找能充分施展自己才华的地方。高校图书馆传统人事管理是以"事"为本，以"事"为中心开展工作，往往就是忽视了馆员自我价值实现的诉求，不重视馆员的切身利益，从而导致高校图书馆人才严重流失，高校图书馆要适应新时代创新发展也就成了无源之水。

因此，高校图书馆通过人力资源管理，调整高校图书馆的人力资源组织架构，改善人员配置状况，确保人事匹配，在高校图书馆内部努力构建一个适合全体馆员发展的和谐的工作环境和学习环境，为馆员搭建一个良好的发展平台，为馆员自身的发展创造条件，使不同类型的人才在高校图书馆能引得进、留得住、用得上、发展得好；搞好对馆员的选拔、任用、考核和奖惩，做到及时发现人才，合理使用人才，让人才的作用得以充分发挥；关心馆员的生活和物质利益，关心馆员的个人发展，采取多种方式加深了解和满足馆员的不同需求，调节馆员的心理与行为，调动和激发馆员的积极性、创造性，使馆员以饱满的热情、良好的心态投身到高校图书馆事业中去；加强对馆员的培训，通过不断培训，适时对高校图书馆的岗位或职位进行横向调整及纵向调整，实现人岗相适、人事相宜、量才而用、人尽其才、才尽其用，发挥个人特长，体现个人价值，培养馆员积极向上的工作作风。

为馆员设计职业生涯规划，并为他们的职业道路提供更多帮助，将馆员个人的岗位职责与高校图书馆事业的发展紧密地联系起来，将馆员个人的人生价值与高校图书馆的工作更加紧密地联系起来，培养馆员对本职工作的高度事业心、责任感和使命感，增强馆员的职业认同感，积极地以扎实的理论知识、娴熟的现代技术，在尽职尽责地为读者和用户提供一流的服务中实现自我价值，馆员个人才能的发挥和人生价值的实现依托于对岗位及高校图书馆事业的奉献，这既促使馆员能力价值的最优化实现，同时又达成高校图书馆事业取得预期的良好社会效益目标的实现，这可谓是一个双赢的理想局面。

第三节　高校图书馆人力资源管理的基本原则

一、遵循人事相宜原则

所谓人事相宜，是指根据个体间不同的素质、能力和要求，将其安排在各自最适合的岗位上，保持个体素质、能力与工作岗位需求的同构性，从而实现因事择人与为人择事相统一，事得其人，人知其事，以人治事，人、事两适宜这样一种人事的配置关系。

人力资源管理中的人事相宜原则，其目标是要实现组织中的人力资源的"能位匹配"，就是要根据组织内部不同岗位的要求与各个员工的能力，将合适的员工安排到合适的工作岗位上，以保证岗位对能力的要求与员工的实际能力相一致和相对应，从而做到位得其人、人适其位、人尽其才、适材适所。人事相宜原则同时考虑了事对人的要求及人对事的期待，通过对两者的权衡再做出相应的人事管理选择，既要求员工满足工作岗位的相应要求，同时又有利于员工自我价值的实现与员工个人的提升发展。这不仅给组织带来高效率，更有利于组织目标的实现，还会促进员工能力的提升和发展。

另外，人事相宜原则不仅讲究人的能力高低与任务难易程度的适应性，还需要综合考虑人的年龄、专业、专长、经历、气质、性格、修养、心态、努力程度等因素与事是否适宜。

现实中，如果将不适合的人错放在了不合适的岗位上，且不说这个人是否缺乏一定的能力和水平，只是由于其所用非其所学，能力、兴趣爱好、气质性格等并不适合该岗位要求，那么无论组织的人力资源管理制度多么健全，激励机制多么灵活完善，岗位的错位就已让这样的员工体现不出其才华与能力，难以做出大的贡献。管理中"大马拉小车""小马拉大车"的现象就是人事不相适宜的大材小用和小材大用的问题。

大材小用不仅会浪费优质的人力资源，还会给组织带来其他负面的影响。"大马"常常会因所拉的车小而丧失斗志,出现懈怠心理,不利于工作的创新和发展。并且,没有足够的活去干的"大马"往往会心存不满,甚至可能要讲"牢骚怪话",消磨士气,负能量充盈,以至于还随时有可能弃"车"而逃,最终造成了人才的流失。

小材大用,"小马"会因不堪重负无论如何也完成不了任务,致使心理严重受挫,失去信心,组织预期的绩效也会因"小马"的力不从心不能完成职责而受到影响,甚至还会给组织造成重大的损失。这好比一根扁担本来只能承重八十斤,你却用它来挑上百斤的重物,扁担难以承受,折断了,摔坏了所担负的货物。历史上,由于"小材充大任"以致误国误民的事例不胜枚举。因此,"小材大用"甚至比"大材小用"更具危害性。

只有当人具有要承担的事情所要求的水平,即"适才适用"时,人与事的配置才是相协调、相平衡的。事实上,凡是得到合理使用的人都会是心情舒畅、志达神怡的。

高校图书馆在人力资源管理中只有遵循人事相宜原则,才能使高校图书馆组织和个人都从中受益。这是高校图书馆人力资源管理中的一项持久的工作、不懈的追求。高校图书馆人力资源管理人事相宜的目标,则是通过加大对馆员的培训、人岗的合理配置和管理,使高校图书馆的"人"与"事"交互作用与发展,馆员在职业上得到发展,同时也为高校图书馆事业发展做出更大贡献。为了实现这一目标,高校图书馆就必须将最合适的人放在最能适合其发挥作用的职位上,实现人与事相宜,努力调动馆员的工作积极性,点燃其工作激情,使每个馆员在其工作岗位上施展出自己所掌握的知识和技能,充分发挥各自的聪明才智,最大程度地为高校图书馆创造价值。

高校图书馆人力资源管理人事相宜,还需要在动态中保持平衡。由于变化的必然性,因此人和高校图书馆都是在不断变化发展的。

一是人的方面。在人的状态发生改变时,人的能力、需求在不同的时间段会有不同的变化。比如,随着时间的推移,有的人才能增强了,有的人能力日渐衰退了,有的人知识能力进入恒定状态,有的人突出的优势才能转移了。总之,"人"在一个时间段之内与"事"的关系是相互适应的,过了一段时间又可能不再相适应,是在不断地发展和变化着。

二是高校图书馆方面。高校图书馆内部各岗位工作职责要求也会随着内外部环境变化而有所变化的，要求也会不断地提高。原本匹配的人和事之间的关系，会因为高校图书馆事业的快速发展变化而变得不再相匹配。主要由于高校图书馆在发展时期，为适应社会竞争需要，岗位职责要求需要适时地调整和提高，原岗位的人，有的由于观念、知识结构、学习能力、适应能力等方面问题已经不同程度地落后或超出了现实要求。因此，高校图书馆的人事相宜不可能是静止不变的，不可能是永远匹配相宜的。高校图书馆的人力资源管理者，只有始终坚持人事相宜原则，实现动态管理，不断进行合理的调整，打破固定身份，取消岗位终身制，实现人才的动态平衡流动，才能构成一个和谐的高校图书馆有机整体。为此，高校图书馆可以根据人才发展战略规划，有计划、有步骤、有目的、有针对性地对现有馆员进行培训，使他们能胜任各自岗位的工作需要，或者招募引进新的适合岗位所需的人才，做到人事相宜、人尽其才、事尽其功。

二、遵循公平原则

在高校图书馆人力资源管理中，管理者必须力求做到公平。这里的公平包含两层意思，一是公道，二是善意。公道就是严格按规矩、规章和规定办事，不偏不倚，一视同仁。善意就是要求高校图书馆的管理者对待所有馆员都要采取与人为善的、帮助的、鼓励的和支持的态度。只有公平地对待每个馆员，充分地尊重每个馆员，鼓励他们的敬业精神，满足馆员自我实现需要的内在激励，使每个馆员在价值观上取得共识，才能充分调动广大馆员为高校图书馆事业做出最大贡献的工作积极性。

在高校图书馆人力资源管理中，要充分体现公平原则，高校图书馆的管理者需要从以下几个方面着手：一是高校图书馆所有的管理制度要具有明确一致的原则做指导，有可操作性强、清楚明确、统一的规范做依据，做到管理工作有据可依，有章可循；二是高校图书馆内部人力资源管理要避免暗箱操作，要做到管理事务的公开化和透明化；三是高校图书馆管理者要为馆员构建机会均等、公平竞争的环境，引导馆员把注意力由集中在结果的均等转移到机会的均等上来；四是高校图书馆的管理者要及时和耐心细致地体察馆员的心理状态变化，并随时加以认真分析，做好疏通引导工作；五是高校图书馆管理者要从根本上保证高校图书馆整个激励制度的公平性，对待馆员要不唯上、不唯亲、只唯实，不偏不倚，公平公正。这样，高校图书馆的人力资源管理才能够有效地平衡所有馆员的最佳利益，让绝大多数的馆员感觉公平公正，从而愿意为高校图书馆事业努力奋斗。

三、遵循员工参与管理原则

员工参与管理，可以有效地激起员工主人翁的价值感和责任感。让员工参与管理，员工就获得了更多的参与管理、参与决策、参与监督的机会，能够有机会对工作发表个人的看法和见解，从而使员工个人目标与组织目标建立起更多的联系，让员工体验到个人受到重视、受到尊重的感受，可以进一步实现和加强员工在组织中主人翁的责任感，继而将组织的目标转化成员工的个人目标，让员工感觉对组织有利的便也是对他们自己有利的，从而调动员工的工作积极性、创造性。

员工参与管理，员工心中会形成与组织共同的愿景。共同愿景是组织员工所共同持有的意愿、景象，它创造出的是一种合作伙伴关系，也让组织员工产生众人一体的感觉，并影响到组织全面的活动中，能使各种不同的活动皆朝着共同的方向努力。共同愿景能改变员工与组织之间的关系，员工会产生一种归属感，使员工意识到他们个人的利益和组织的利益是一致的，组织变得不再是"他们的组织"，而是"我们的组织"。当组织遇到危机时，员工会积极主动帮助组织解决难题，献计献策，渡过难关。同样，当组织处在平稳发展时期，员工也会拥有与组织荣辱与共的意识。员工不再仅仅是为拿薪酬而干活的一个孤立的劳动者，而是组织发展的一个积极贡献者。

员工参与管理，可以通过多种途径，最主要的形式有分享决策权、代表参与、QCC 小组[①]等。员工参与管理更重要的是员工参与管理的程度，员工参与管理的程度越高，就越能够充分发挥出这种员工参与管理的优势，从而为组织带来生机和活力。员工实实在在地参与管理，已不再是盲目被动地为执行组织决策而工作，而是清楚明了积极主动地投身工作之中，工作绩效也随之相应地得到提高。员

---

① Quality Control Circle，缩写为 QCC，质量控制小组。

如果只是走过场地参与管理，组织让员工参与管理也只是为了摆摆形式，那么，组织的效益就不可能得到明显的改善，甚至还会导致效益下降的情况出现。因此，员工参与管理的程度已不仅关系到员工个人的自我实现和职业发展，还关系到能否有效地监督、约束组织的管理者，以保证组织管理决策的科学性，更关系到组织能否获得可持续发展的强大助力。

为了高效利用高校图书馆的人力资源，充分调动高校图书馆人力资源的积极性，在高校图书馆的人力资源管理中，应当积极培养和争取馆员的参与，工作中认真听取馆员的意见和建议，并对献计献策的馆员进行适时适当的奖励。当高校图书馆的管理者能认真对待馆员的建议时，高校图书馆的馆员也就会真正从封闭的心理状态中走出来，会积极地与自己所在部门共同成长。因为馆员能够得到高校图书馆管理者的重视和认同，所以馆员的内心会增强对高校图书馆的责任感和归属感，同时能够让他们对工作产生强大的信心。

高校图书馆馆员参与管理，并不只有让馆员提出合理化建议这一个方面。事实上，馆员参与管理，可以深入到高校图书馆管理的各个方面。高校图书馆的全面发展，需要馆员全方位的参与；高校图书馆的工作决策、发展方略的制定修改，有必要让馆员参与；高校图书馆人力资源的开发，也离不开馆员参与。馆员参与管理是营造和谐高校图书馆发展的根本，当馆员在参与高校图书馆的管理过程中感受到了被尊重、受重视时，馆员的主观能动性、工作积极性就能得到最大限度地发挥，从而实现高校图书馆与馆员之间荣辱与共、共同进步、共同发展。

四、遵循刚柔相济原则

通常情况下，人力资源管理既需要凭借规章制度的监督和约束进行刚性的条条框框的制度控制，也需要依靠参与、授权、激励和诱导等方式进行人性化的柔性管理，充分尊重员工，进而实现员工的自我管理。柔性管理是一条无形的线，不但贯穿在人力资源管理思想之中，而且需要通过人力资源管理的实践加以体现。两种管理控制手段相辅相成，相得益彰。

高校图书馆制度化的刚性管理，是指根据高校图书馆成文的规章制度，依靠高校图书馆组织的职权进行的程序化管理，它是以规章制度化管理为中心的管理控制方式。这种刚性管理的基础是组织权威，高校图书馆管理者的作用主要在于命令、监督、检查和控制，其优势是便于协调馆员与馆员之间及馆员与高校图书馆组织之间的关系，便于维持高校图书馆正常的工作秩序，可以量化馆员的工作绩效，便于考核。但是，刚性管理的缺点是降低了高校图书馆活动的灵活性，容易将馆员置于消极被动的控制状态。

高校图书馆的柔性管理，即馆员的自我管理，其前提和基础是基于馆员对高校图书馆组织行为规范与管理制度的认同、理解和内化，依赖于高校图书馆组织与馆员之间共同的价值观和共同的心理文化氛围，此时高校图书馆管理者的角色变成了启发者、引导者和支持者。这种馆员自我的柔性管理，主要不是依靠权力的影响力，而是依赖于馆员的心理反应过程，即这是从每个馆员内心深处激发出来的主动性、积极性、创造性和内在的潜力。所以，当高校图书馆的管理规范内化为馆员的自觉认识，高校图书馆的目标和馆员目标协调一致时，实现高校图书馆的目标任务就转化为馆员的自觉自发行动，馆员的内驱力和自我约束力就会产生。这将更有利于在高校图书馆内部形成团队协作的精神，有利于形成一种通力协作、未雨绸缪的积极的工作状态。但是，柔性化管理也可能会导致由于工作职责不明出现相互推诿和冲突的问题，并且馆员的工作绩效也不易量化、不易考核评价。

在高校图书馆人力资源管理的实践中，刚性管理和柔性管理两者应是相互渗透、相互影响的。规章制度的刚性是人性化柔性管理的平台和基础，而人性化的柔性管理则是制度控制的润滑剂，是刚性制度控制的升华。实现两者有机结合并达到员工的自我管理，将会带来高校图书馆人力资源的高效管理。

因此，高校图书馆的人力资源管理在加强制度建设、确保高校图书馆各项措施任务落实到位的同时，要加强高校图书馆的凝聚力、向心力工程建设，尊重馆员，真诚对待馆员，让馆员从内心真正感觉到高校图书馆的发展与自身发展荣辱与共，促使广大馆员自觉、自主地为高校图书馆的发展、创新而努力奋斗。

五、遵循激励原则

激励是指激发人的动机，诱导人的意志行为，使其发挥内在潜力，为达到所追求目标而努力的一个过程。激励是人力资源管理的重要手段之一，它是心理学的一个名词术语。心理学研究表明，人类的行为基本遵循这样一个规律：需要→动机→行为→目标，之后再产生新的需要。人的行为受其动机支配，而人的动机是由人的需要引发的。即需要产生动机，动机就驱使着人们找寻目标。当人们一旦有了某种需要而一时又不能得到满足的时候，心理上就会产生出一种不安和紧张的状态，即激励状态。随后，这种不安和紧张的状态就会转变为一种内驱力——动机，人们产生了动机之后就会寻找和选择去满足需要的目标，进而再产生满足需要的行为。当人们的需要得到满足时，紧张和不安就随之消除，即激励状态解除。但继而又会产生新的需要，从而促进新的行为发生。如此循环往复，不断提高。

将激励这个心理学的概念运用于高校图书馆人力资源管理中，是为了激发高校图书馆馆员的工作动机，即通常所说的调动高校图书馆馆员的积极性。也就是利用各种有效的手段调动馆员的积极性、创造性，启动馆员的内在动力，充分发挥馆员的主观能动性，使馆员努力去完成高校图书馆分配的任务，从而实现高校图书馆的目标。同时，馆员自身的需要得到满足，其满意度也会增加。

任何一个正常的人，都会有一定的需求。人们的行为大都也是为了满足自己的需求而产生的。人的需求具有多样性，但概括起来无非是两类：一是为了维持种族的延续及自身存在而产生的，对配偶、生育、食品、衣服、住房等的物质性需求；二是人们的精神性需求，如理想、道德、纪律、就业、求知、艺术、名誉、理解、社交、尊重等方面。无论是物质方面的需求还是精神方面的需求，都是人的一种内在的客观心理现象，都是潜藏在人们心灵深处的一种内驱力，它们是人的行为活动的原动力，可以激励着人们为了实现自己的愿望而不断努力拼搏。

从社会角度来看，一般说来，社会的经济文化发展水平比较低的时候，人们的物质需求就相对比较强烈，而在社会的经济文化发展水平比较高的状况下，人们的精神需求就会占主导地位。虽然今天物质生活不断富足，人们的生活水平已经显著提高，相应的物质激励作用已逐渐呈现弱化趋势，但是物质的需要始终会是人类的第一需要，它是人们从事一切社会活动最基本的动因。所以，物质激励还是当今促使人们认真工作的最重要的激励手段。如果想要充分调动高校图书馆馆员的工作积极性，那么主要行之有效的方法还是物质激励。因此，当今的物质激励还应当是激励的主要形式。

激励的出发点是满足人的多层次和多元化的需要,高校图书馆在制定和实施激励政策的时候,要适时了解掌握馆员的需求层次及需求结构的变化状况,采取具有针对性的按需激励措施,以便收到实效。因为激励是人的主观感受,其成效取决于内因,所以激励要因人而异。因为高校图书馆馆员在年龄、性别、性格、学历、职称、职务等方面的不同,所以需求也就自然存在差异,同样的激励措施所起的激励效果就会不尽相同。就是同一个人,在不同时期不同阶段或是不同的环境下,需求也会有所不同。因而,形式单一的激励将无法满足不同人的需求,对需求处于不同层次的人,应该采用多种不同的激励手段。

高校图书馆在激励馆员时,首先应当采用工作激励法,即要考虑把每个馆员放到适合他的岗位上,并积极创造条件定期轮换工作岗位,赋予馆员更大挑战性的工作,增加和刺激他们对工作的新鲜感,激发他们的工作热情和激情。这样,他们就会更愿意把所有的才华和精力都投入到最适合他们的工作中去,从而创造出更出色的工作业绩。其次可以运用参与激励法,让馆员参与高校图书馆的决策和管理,使馆员能够对高校图书馆产生认同感和归属感,这样可以有效地满足馆员的自尊和自我价值实现的需要。最后,不同形式的物质奖励、职位晋升、岗位培训、适时调整工作环境及提供其他良好的发展机会等激励方式也可以选择运用。

总之,高校图书馆激励措施要因人而异,因时而动,形式多样,内容丰富,奖人所需。只有这样,才能最大限度调动高校图书馆馆员的工作积极性。

另外,高校图书馆对馆员的激励,奖与罚必须要分明。激励不能搞成平均主义的分配方法,平均分配的奖励一定会造成干好干坏一个样、干多干少一个样的不良风气。这实际上就等于奖差罚优,应有的激励作用必然失去,绝对平均等于无激励甚至反激励。激励应当与个人的工作实绩真正挂钩,勇于重奖有功者,相应地也要敢于重罚给工作带来重大损失的人。奖惩分明,该赏的赏,该罚的罚,奖得令人心动,罚得令人心痛。例如,对优秀的馆员进行晋升、提薪、培训、外出考察等嘉奖,对任务不能积极完成的馆员实行降级、扣薪、末位淘汰等惩罚。这就形成一种十分鲜明的高薪奖励和末位淘汰的"胡萝卜加大棒"政策。鞭策后进也是为了激励先进,更促使后进者化压力为动力。但这种"胡萝卜加大棒"的激励方式必须要公正,对待所有馆员必须一视同仁,绝对不能区别职位高低来激励,更不能以感情代替政策,或者以偏见替代标准,要杜绝"刑不上大夫、奖不及异己"这类情况的出现。

奖励与惩罚并用,并不意味着奖励与惩罚并重。事实上,惩罚手段是不能频繁使用的,要以奖为主、以罚为辅。并且,奖励和惩罚必须要适度,激励中刺激量的大小要把握好。激励的量大或小,应当以被激励者的工作业绩为参考标准。奖励不适度或惩罚不适度都会对激励效果产生影响,同时增加激励成本。过重的奖励会使馆员产生骄傲自满情绪,失去再接再厉的需求;过轻的奖励起不到激励效果,甚至还会让馆员产生不被重视的感觉。过重的惩罚会让馆员感到不公,以致失去对高校图书馆的认同,可能会产生消极怠工或敌对的情绪;过轻的惩罚会让馆员缺乏对错误的认识,甚至可能导致重蹈覆辙。因此,奖惩的分寸必须要把握好,否则,非但起不到激励效果,反而还会起反作用。可以说,激励原则运用得好与坏在一定程度上是决定高校图书馆事业兴衰成败的一个重要因素。

第四节　高校图书馆人力资源管理的有效途径

为了适应新时代高校图书馆事业发展的需要,高校图书馆人力资源管理必须要树立以人为本的发展理念,改善人力资源发展机制;建立合理的人力资源规划,满足高校图书馆持续发展对优秀人才的需求;在公开、公平和公正的基础上,了解、尊重每一个馆员,合理地配置人力资源,改善人力资源结构,并为每一个部门和岗位找到最合适的人选,让每一个馆员在合适的位置上充分发挥他们的特长,实现高校图书馆人力资源结构最优化;通过有计划地培训及实行馆员聘任制,可以使高校图书馆培养或引进高层次的人才,改善高校图书馆馆员的知识、专业、职称结构及年龄和性别结构,淘汰一些不符合要求的人员,提高高校图书馆人员的整体素质;通过建立良好的多维的系统化的激励机制和科学的考核机制,对人力资源的激励采用传统的物质刺激手段的同时,在满足所有馆员基本需要的基础之上,重点对那些高学历、高技能的高素质人才,提供满足他们自我实现需求的必要的制度性保障,最大限度地调动全体馆员的积极性,使他们在工作中能够获得满足感和成就感,安心在高校图书馆工作,释放潜能,从而使高校图书馆能留住人才，加快发展。

高校图书馆人力资源有效管理，可以使高校图书馆建立一支结构合理、素质较高、人员稳定、士气高昂的高校图书馆人力资源的队伍。这样的队伍能提高高校图书馆工作效率和效能，能够适应现阶段高校图书馆馆藏、技术和服务的变化，有利于高校图书馆发展目标的实现。

一、转变人力资源管理理念

（一）人本管理新理念的树立

人本管理，是指把员工作为组织中最重要的资源，综合员工的能力、兴趣、特长、心理状况等各方面的情况来科学地安排最合适的岗位，并充分地考虑到员工在工作中的成长和价值，通过整体性的人力资源开发计划，极大地调动和发挥员工的工作主动性、积极性和创造性，从而提高其工作效率，增加其工作业绩，为组织发展目标的达成做出最大的贡献。

这种人本管理思想是人类管理理念从传统的把人当作管理对象，将人视为物质资本的附属物、简单的工具和客体，通过硬性的管理制度严格约束与控制来达成管理目标的物本管理阶段，向前推进发展成为一个"以人为中心"的全新人力资源管理阶段。

在高校图书馆人力资源管理中，所谓"以人为中心"，就是要把馆员作为高校图书馆管理的主体，把人力资源作为高校图书馆制订发展战略规划的依据，作为实施高校图书馆发展战略的支撑点。其立足点是充分调动馆员的工作积极性，挖掘馆员的潜能，发挥馆员的创新精神；强调对人的尊重、关怀和信任；增强馆员的责任感、使命感和归属感，以确保高校图书馆事业发展目标的实现。

在信息技术飞速发展的今天，高校图书馆作为文献信息服务中心，大力发掘馆员的潜能、培养馆员的实践创新能力已成为时代发展的需要。因此，高校图书馆应当树立强调以人为中心的人力资源管理这种新的管理理念和管理思路。以人为中心的人力资源管理不同于以往传统的人事管理，其核心是要转变管理理念，把人作为高校图书馆的第一资源来开发和管理，吸引人才、培养人才、用好人才和留住人才是人力资源管理的主要内容。通过建立科学、合理、系统的人力资源管理机制，以全新的人力资源管理理念来规划和发展高校图书馆事业。

面对当前激烈的社会竞争环境，对于高校图书馆而言，既是挑战也是机遇。要在社会竞争中谋求更大的发展空间，高校图书馆的人力资源管理必须把对馆员的开发、管理作为核心，突破传统狭隘低级的"人事"管理范畴，以"人"为本，将具有能动性的馆员个人视为可开发并能带来收益的一种最为宝贵的资源进行开发和利用，以馆员个人与高校图书馆组织的共同实现与发展为目标，这应当是当前高校图书馆人力资源管理工作的重点。

高校图书馆的管理者在人力资源管理中，要用人性化的科学方式尊重馆员的人格和选择，关心馆员的需求，主动建立相互信任的高校图书馆组织关系，让馆员积极主动参与合作，帮助馆员自我提高和完善，实现他们自身的价值和目标。例如：高校图书馆在全新的人力资源管理理念指导下，通过人力资源管理的规划、人员聘任制及良好的馆员培训机制的实行，就会有效地改善高校图书馆人力资源的知识结构、专业结构、职称结构、年龄结构及性别结构等，可以提高高校图书馆馆员的整体素质，满足馆员自我实现和个人成长的需要；通过公平、公正的考核评价和激励，可以充分调动所有馆员的工作积极性，能够激励馆员将个人目标与高校图书馆的发展目标紧密地结合起来，从而实现高校图书馆和馆员的"双赢"。

高校图书馆只有树立"以人为本"的管理理念，用人本管理的理念创新高校图书馆的服务与管理，加大对人力资源投资，善于开发人力资源，吸收和聚集优秀人才，优化高校图书馆人力资源结构，才能够促进高校图书馆事业快速、持久地发展。

（二）能本管理新理念的树立

能本管理是一种以人的能力为核心的管理，是人本管理发展的新阶段，它源于"人本管理"，同时又高于"人本管理"，是更高层次和更新意义上的"以人为本"的管理。能本管理中的"能"，其内在构成是知识、智力、技能及实践创新能力等四个方面。即由知识到智力再到技能，最后提升到实践创新能力，这实际上呈现的是一种由低层次发展到高层次、由认识世界发展到改造世界的过程。

能本管理的目标和要求是，通过采取多种行之有效的方法，最大限度地发挥组织中每个成员的能力，以实现组织成员能力价值的最大化。同时通过把能力这种最为重要的资源优化配置，产生推动组织全面向前发展进步的巨大力量。

知识、智力和实践创新能力它们是现代知识经济时代和信息经济时代发展的基础，以人的实践创新能力为核心本质的人力资本在经济社会发展中的主导作用将日益凸显。知识只有变成能力才能发挥效用，人们只有在依靠能力的基础上才能去实现自身价值。所以，能力将成为新时代决定和支配各种组织和人的发展的主导力量。

高校图书馆的"能本管理"，核心就是正确运用人事相宜的人力资源管理原则，量才使用，将馆员放到相应适当的岗位上，才能发挥和创造出最佳的管理效能。高校图书馆应根据每个馆员的能力，结合高校图书馆长远发展的需要和馆员提高自身能力的需要，将能力各不相同的馆员配置到适应其能力的不同的部门和岗位上，达到馆员能力与岗位相匹配，能力与职位相匹配，能力与责任相匹配，实现高校图书馆馆员能力最优化组合。在对馆员能力进行合理配置组合的基础上，对馆员的个人能力的发挥状况进行定期考评，鼓励每个馆员把自己所拥有的能力充分地展示出来，构建一个尊重知识、尊重能力的环境，激活他们对高校图书馆事业的热爱和奉献。

高校图书馆应当有重点、有计划地对馆员的能力进行开发培训，把馆员能力的开发视为馆员福利待遇的一个重要组成部分，并且作为鼓励馆员努力工作的激励手段，促使馆员不断提升自身能力。

（三）激励管理新理念的树立

美国心理学家亚伯拉罕·马斯洛（Abraham Maslow）在其1943年出版的《人类动机的理论》一书中提出了著名的人的需求层次理论。马斯洛认为，人的需求呈现一种从低级到高级发展的层次，从下向上分别是生理需求、安全需求、社交需求、尊重需求和自我实现需求这五类。在特定的时间内，人可能受到不同层次需求的激励。人的需求层次都会受到人的个性差异的影响，并且会随时间的推移而不断发生变化。但是，马斯洛同时也明确指出，人类最基本的需求和欲望是生理需求，人们总是优先满足生理需求，继而就会追求心理满足和社会认同，然后就想被爱，被尊重，希望自己的人格和自身价值被认可，这是人类心理共同的特质。而追求自我实现的需求是人的最高动机，在五种需求层次中是最难以满足的一种。

与马斯洛需求层次理论相似的有美国著名的行为科学家弗雷德里克·赫茨伯格（Frederick Herzberg）1959年提出来的双因素理论（two-factor theory），又叫作激励保健理论（hygiene-motivational factors）。

赫茨伯格的理论指出，影响人行为状态的因素有两种，一种是保健因素，另一种是激励因素。保健因素是指满足人的低层次需求的因素，包括人的生理、安全和社交的需要；激励因素是指满足人的高层次需求的因素，也就是满足人的尊重和自我实现的需要。保健因素亦即人的低层次的需求是激发不了人的积极性和创造性的，只有激励因素即人的高层次的需求才能激发人的潜能。

高校图书馆人力资源管理发挥状况决定着高校图书馆文献信息资源的储藏和开发利用的状况。高校图书馆要更好地开发馆藏文献信息资源服务于社会，依靠的是文献信息资源的开发者。如果高校图书馆馆员的积极性、创造性不能得到发挥，那么即使有了最先进的现代化的技术装备，人对文献信息资源的开发利用能力也都不可能最大限度地释放出来。因此，根据马斯洛的需求层次理论和赫茨伯格的双因素理论，现代高校图书馆管理必须树立正确地运用多种激励手段的管理理念，有效激发馆员的潜能，调动馆员的工作积极性。

高校图书馆在对馆员的激励问题上，物质激励应是最基本的激励方式。因为生理需求是人们最基础的需求，而物质也最能满足人们的生理需求，所以物质激励还是首选的。随着社会经济的发展，人们的需求逐步提高，会更多地注重精神方面的需求，求得社会认同和尊重的愿望会更加强烈。所以，高校图书馆馆员不仅需要物质方面的激励，还更渴望受到来自社会的尊重和自我价值实现的精神激励。

激励还有正、负激励之分。增加工资等物质奖励就是典型的正激励，表扬、赏识是精神激励，也是"正激励"，而扣发或少发工资、批评、惩罚、降级等处分常常是一种"负激励"。所以，激励也是一把双刃剑，用得好，用得恰当，就会使馆员身心愉悦，工作的热情将成倍高涨，积极性会充分得到调动；用得不好，实施得不恰当，就会伤害到馆员的自尊心，甚至起到适得其反的作用。因此，激励与否，或者激励是否得当，对馆员潜能的发挥及工作效率的提高都有着重大的影响。在高校图书馆实际管理工作中必须将正激励和负激励两种激励手段有效结合，实行"奖罚分明""奖惩结合""批评与教育结合"，从而构建高校图书馆良性的竞争环境，促使馆员充分发挥其才能和智慧，留住人才，促进高校图书馆事业快速发展。

二、科学制订人力资源规划

人力资源规划是指以组织的发展战略为指导，科学地分析、预测组织在内部环境和外部环境变化中的人力资源需求和供给状况，对人力资源的获取、配置、培养、使用、保护等各个相关环节进行职能性策划，制定必要的、强有力的政策和措施，以确保组织各工作岗位能获得需要的、合适的人才，实现人力资源与组织中其他资源的合理配置，并有效地激励和开发员工的规划。

人力资源规划是一项系统的人力资源管理战略工程，是一项实现发展战略目标的重要工作。其内容主要包括人力资源战略发展规划、管理制度、职务编制、人员配置、管理费用预算、培训开发、岗位调整和人员晋升等计划的制订，也就是基本涵盖人力资源管理的各项工作。

人力资源规划的制订必须要考虑到以下四个方面因素：一是制订人力资源规划必须依据组织的发展战略和目标；二是制订的人力资源规划要能适应组织内部环境和外部环境发生的变化；三是制定必要且有力的人力资源政策和措施是做好人力资源规划的主要工作；四是制订人力资源规划的目的是使组织能够保持人力资源供求平衡，保证组织长期可持续发展目标和员工个人利益的双实现。

人力资源规划的制订，在考虑实现组织目标的同时，也必须要考虑到满足员工个人的需要（其中包括物质需求和精神需求）。只有在组织的人力资源管理有了明确规划的情况下，员工才可预知组织发展对自己可满足的东西和满足的水平，这样才能有效地激发员工持久的积极性，从而才能为实现组织目标而努力工作。所以，人力资源规划是组织战略目标实现的重要保证。

现代信息技术及互联网技术在高校图书馆的应用，使高校图书馆的管理理念正发生着深刻的变革。信息化的发展必须靠人才，高校图书馆只有更加重视人力资源的开发与管理，加大工作力度，发现人才、培养人才、留住人才和用好人才，才能跟上新时代发展的步伐，才能真正保持高校图书馆文献情报信息中心的地位，才能满足人们日益增长的对高校图书馆知识、信息的需求。

目前，为实现高校图书馆的发展目标，根据高校图书馆的内外环境发展状况，高校图书馆馆员必须要成为文献信息资源的组织者、提供者、传播者和导航者。但是，高校图书馆馆员的现有素质严重偏低，学历、知识、专业、职称、年龄、性别等结构不合理，缺乏计算机和外语等方面的知识，不具备担当和胜任新时代高校图书馆馆员角色的知识和能力。由于在客观上高校图书馆的社会地位和待遇都比较低，馆员个人的物质利益和精神需求难以得到满足。因此，高校图书馆很难从外部引进人才，高校图书馆内部的人才也因为各种需求难以得到满足等原因不能安心在高校图书馆工作，难以调动他们的工作积极性，导致工作效率低下。

因此，高校图书馆管理者应当结合高校图书馆发展的战略目标，针对高校图书馆人力资源结构的现状，认真细致地分析测评高校图书馆各部门、各岗位工作的性质和工作量，制订高校图书馆人力资源发展规划，明确制度和各项具体政策措施，保障规划中馆员招聘、培训、任用、激励和考核等工作的贯彻实施，发现人才、培养人才。人力资源发展规划的制订，既能满足高校图书馆持续、稳定、健康地发展对优秀人才的需求，实现高校图书馆对人力资源供需关系的平衡，又有利于确保馆员的个人需求和利益得到满足。

三、建立完善的人力资源培训机制

从知识发展的角度来看，随着现代科学技术的快速发展导致知识更新周期变得越来越短；从目前的情况来看，高校图书馆要引进发展所需的大量的高技术、高层次的专业人才并不现实；从对高校图书馆员工的激励方式来看，必须要做到对馆员的尊重，并满足馆员自身发展的需要。因此，要提高高校图书馆人力资源的整体素质和能力，就必须建立完善的培训开发机制，主动为馆员提供各种业务培训，提高馆员的知识技能和创新能力，让馆员切实地感受到可以拓宽个人未来发展的空间，激发和调动馆员的工作热情和积极性，提高馆员的工作绩效，同时提高馆员的工作质量和生活质量，最终才能更好地完成高校图书馆的目标任务。

（一）对培训计划的制订

高校图书馆应当综合考虑自身的长远发展目标和现实需要，经过科学地预测未来发展对人才的需求，制订人力资源开发培训的中长期规划和年度计划。高校图书馆人力资源的开发培训计划必须要有一定的针对性、战略性、前瞻性、层次性和长期性，最终达到良好的激励效果。

（二）对培训内容的确定

培训内容要有计划、有重点、分层次地安排。高校图书馆人力资源开发培训的内容涉及面广，除需要培训各种高校图书馆事业发展所需的专业人才以外，更多的是需要造就高校图书馆复合型人才，使广大馆员具有广阔的知识面、过硬的能力和技术，以及现代高校图书馆的服务技能。因此，培训内容的安排，要坚持政策教育与业务教育相结合、基础教育与专业教育相结合、知识教育与技能教育相结合，既要注重传授知识、培养技能，又要注重提高能力。

高校图书馆人力资源开发培训，必须根据培训对象所处的不同的知识层次和不同的需要，制定不同的培训计划和策略。如果把不同层次和不同需求的馆员集中在一起，进行那些专业性、业务性和针对性较强的培训，就会导致顾此失彼。最后，有的人可能会觉得课程的精深度不够，对知识的了解还不够透彻；而有的人就会觉得比较难以听懂，甚至对其中很多的知识还一窍不通。这样，培训也就没有实效。

高校图书馆人力资源开发培训内容的重点，应该放在提升馆员专业技能上，尤其是网络信息技术和文献信息服务水平上。同时，还要加强馆员的职业道德、团队意识、高校图书馆精神文化等方面的教育培训。所以，培训内容除了重点安排必要的针对高校图书馆专业和业务知识的课程，还要适当安排一些非针对性的课程，即一般适用面较广、通用性较强的课程，如成功类、激励类及个人发展类的课程等。

高校图书馆通过对专业人员、业务骨干、中高层管理人员及普通馆员等多个层次和多种形式的教育开发培训，全面提升馆员的科学文化素质、专业技术水平和工作能力，让馆员为适应高校图书馆事业的发展不断学习、充实、调整、完善自身的知识结构，不断用新理论、新知识武装自己的头脑，促使高校图书馆的发展与馆员的自我发展保持和谐一致。

（三）注重培训激励

高校图书馆如果把培训作为一种人人都可以享受的福利，那么馆员就会理所当然地觉得，这本来就有自己的一份。也就是说，馆员会认为接受培训是应该的，从而也就弱化了培训机会的激励作用，馆员的积极性就难以调动，从而就达不到培训的预期效果。

所以，高校图书馆应当制定关于参加培训与各种形式的晋升相挂钩的制度，规定想晋升到更高等级，必须通过相应的培训。这样，馆员能够获得接受某种等级培训的机会，并能通过相应的测评考核，就意味着有向上提升、向更高的职级发展的可能。这实际就形成一种引导和暗示，从而能更好地激励馆员。这就要求高校图书馆应加强对优秀馆员的培训，有重点地优先选择培训那些对高校图书馆事业做出过突出贡献的优秀馆员。通过对这些优秀馆员的强化培训开发，也就抓住了高校图书馆的核心力量。他们的积极性、主动性和创造性得到调动后，就能很好地起到激励和带动其他普通馆员的作用。

（四）大力丰富培训种类

第一，入职培训。对进入高校图书馆的新员工进行入馆教育，引导他们掌握必备的业务知识和专业技能，培养他们对高校图书馆的事业心和责任感。

第二，基本技能培训。主要指为了满足数字信息时代高校图书馆读者和用户的信息需求，为馆员提供一些相关知识和相关技能课程的培训，一般主要有计算机基础操作知识与技能、网络基础知识、数据库管理与应用、网络信息检索工具的生成、网络环境下的信息收集与处理、网络信息的利用及专业外语等方面的培训。

第三，业务职能培训。对于有意愿在高校图书馆事业中从普通馆员成长为一名管理者的馆员来讲，高校图书馆应适时为其提供相应的管理方面的培训，让他们学习一定的管理理论知识，帮助他们提高解决和处理实际问题的能力。例如，如何正确处理下属之间的矛盾与冲突，如何设立有效的激励机制激励馆员，如何分配高校图书馆中的各项资源，等等。

第四，学历教育培训。鼓励馆员参加各种类型的成人教育培训，鼓励馆员获取更高学历，提高馆员的学历层次。对于已经具备一定学历的人来说，可以让他们按需选修一些相关课程，改变原先单一的知识结构。

（五）积极创新培训方式

结合馆员的学科专业背景、所在岗位职能及馆员个人的学习意愿，有计划分期分批地为馆员提供各种培训和深造的机会，鼓励和组织馆员参加各种类别的中、短期的高校图书馆专业知识方面的培训班。例如：鼓励馆员参加各种夜大学、国家开放大学的本科班和研究生进修班等学历教育学习，促使馆员及时增长和更新自己的知识，进一步提高专业理论水平，增强实际工作能力；安排和鼓励馆员参加不同级别和类型的学术研讨会、学术报告会、科技文化知识讲座等，以增长馆员的知识，开阔馆员的视野；有条件的高校图书馆还可以组织馆员到全国发达地区乃至国外进行实地参观、考察、交流、学习，在更高、更开阔的层面上了解当今高校图书馆的发展态势，增强馆员对高校图书馆发展的感性认识，学习同行最新的管理和服务理念、管理方法、办事效率，借鉴先进经验，明确努力方向，提高高校图书馆服务水平。

四、构建良好的激励机制

（一）激励作为高校图书馆人力资源管理的重要措施

激励机制，它是通过各种手段激发人的需求、动机和欲望，形成某一特定的目标，使人在追求实现这一目标的过程中保持高昂的、积极的和持续的情绪状态，努力发挥出潜力，直至预期目标的达成。

人力资源管理的目标就是实现组织绩效最优。为此，必须要提高为组织目标实现做贡献的人的工作绩效。而人的工作绩效取决于人的能力和激励水平，即与人的积极性的高低关系密切。人的能力是取得工作业绩的基础，但不管人的能力有多强，如果激励水平低，就难以取得良好的工作业绩。因此，为顺利实现组织目标，组织应当建立起多维交叉的员工激励机制。根据员工的各种不同需要，适当采用物质激励和精神激励相结合的种种措施手段，改善员工的工作状况和生活质量，以提高员工的满意度，从而激发员工创造性地完成工作。

高校图书馆人力资源管理中，激励已成为有效管理的重要措施。根据美国著名的心理学家马斯洛的人的需求层次理论和赫茨伯格的双因素理论，高校图书馆管理者应当了解馆员的需求和欲望，积极采取行之有效的激励措施，建立良好的激励机制，将满足馆员需要与高校图书馆目标的实现有机地结合起来。例如，在馆员职称评定、奖金分配、业务培训、进修学习等方面，高校图书馆都可以结合实际建立和完善激励机制，努力满足馆员的需要，最大限度地调动馆员工作的积极性、主动性和创造性，激发馆员潜能的释放，更好地实现高校图书馆的发展目标。

（二）建立"以人为本"的激励机制

高校图书馆要建立"以人为本"的激励机制，应该要做到以下几点：第一，尊重馆员的民主权利，把馆员视为高校图书馆的主人翁；第二，采取有效措施实行民主管理，让馆员能够实际参与高校图书馆建设发展的谋划与决策；第三，切实关心馆员的切身利益和需求；第四，将高校图书馆的发展目标与馆员个人发展目标相结合。

高校图书馆建立"以人为本"的激励机制，必须真正做到尊重人、关心人，创造各种激励条件，促使馆员的全面发展。高校图书馆应当通过对不同类型馆员的分析，将他们不同层次、不同阶段的需求归类整理，全面地了解掌握馆员的需求状况。在此基础之上，广泛地征求馆员意见，集思广益，实行民主管理，充分实现馆员的民主参与，建立起大多数馆员都认可的、公平合理、科学透明、切实可行的激励机制。这样，就能让馆员感觉得到高校图书馆的兴衰成败和自己的前途命运息息相关，在这种开放平等的环境下馆员也会自觉自愿地展现自己的才能，释放自己的才华，提升竞争意识，充分发挥个人的最大潜能。

（三）实行差别激励

激励的目的是进一步提高馆员工作的积极性。由于具有不同需求的人需要的激励方式也不同。因此，在建立激励机制时一定要考虑到馆员的个体差异，了解馆员的需求与动机,这样会有利于建立的激励机制更具合理性,使激励更具针对性。

每个馆员的性格、思想、心理、学识、教养和道德水准等都各不相同,千差万别,馆员激励机制的建立也要重视馆员的个性差异,区别对待。

年轻馆员自主意识比较强,对工作环境和条件等方面的要求会比较高,而中老年馆员一般都比较安于现状,比较注重情感、荣誉等方面的激励;学历较高的馆员一般更加注重自我价值的实现,他们更加追求精神层次的满足,如工作兴趣、工作条件、工作环境等,而学历相对较低的馆员更加注重的是基本的、低层次的需求的满足;女性馆员相对而言对报酬等物质需求更为看重,而男性馆员则更注重高校图书馆及自身的发展;高校图书馆的管理人员和一般馆员之间的需求也是有所不同的。

因此,高校图书馆在制定激励机制时,一定要考虑到馆员之间的个体差异,针对馆员的不同需求,采取多样化、差异化的激励措施,这样才能收到最佳的激励效果。

1. 荣誉激励

荣誉激励心理学研究表明,如果一个人获得了荣誉,那么他的心情会是愉快的,这个时候他的工作效率会更高。也就是说,当一个人平时的良好表现和在工作中取得的突出成绩,能够得到管理者的欣赏和肯定时,他就会深深地感受到自我价值实现的愉悦和幸福,从而在精神上获得最大的满足,无尽的前进动力随之会被激发出来。因此,高校图书馆可以采取一系列荣誉激励的措施,满足馆员自我实现的需要,激发馆员的工作热情。例如,开展评选服务标兵、优秀馆员及各种创新奖、贡献奖等,并及时公开嘉奖和表彰。

高校图书馆对在平常工作中做出突出贡献的馆员给予的荣誉激励,其作用表现在两个方面:一是可以鞭策荣誉获得者继续不断地保持和发扬成绩;二是好的榜样也是值得其他馆员学习的楷模,会产生较好的激励效果。

另外,对于一些工作上不求进步的馆员,管理者也要善于去发现他们的长处和优点,要随时注意捕捉他们身上存在的闪光点,哪怕有点滴的起色和进步,都应当及时给予肯定和鼓励,促使他们能从自身微小的进步中体验到成功带来的尊重与喜悦,这样会更有助于高校图书馆的管理者与馆员之间情感上的沟通和工作中的协调。

2. 成就激励

成就激励不是指员工成就需求已经获得满足的程度，而是来自人们对实现自己成就需求的期望。这些高成就需求的人能够为解决问题而担当起个人的责任，如果解决问题不是依赖于他本人的努力，而是由于客观情况的变化，那么就会影响他的成就感。并且，高成就感的人善于在工作过程中调整目标，使自己在切实可以达到既定目标的工作中，能够不断地获取成就动机的满足。就是说，他们都期望工作成果中凝结自己较多的贡献而得到更大的满足；他们都期望自己比其他人取得更好的业绩而获得更大的满足。对于那些具有高成就感的人来说，他们希望能及时了解自己的工作情况和业绩，希望得到管理者的肯定性评价。正是因为存在着这些期望，所以员工总是想着取得更好的工作成就。期望越是强烈，员工受到的激励作用也就越大。因此，作为组织的管理者，应该做到利用反馈来的工作结果，及时地给予必要的褒奖。

高校图书馆应赋予每个馆员一定的任务，明确馆员个人责任和工作目标，使每一个工作岗位都有明确具体的责任，让每一个馆员都能认识到自己是该岗位不可缺少的一员，高校图书馆所取得的每一项工作成就中都有着自己的一份贡献。这样，就能够让馆员产生一种自我价值得到实现的成就感，促使馆员为早日实现自己所期待的成就而积极地努力工作。

由于高校图书馆业务面广，各部门和岗位繁忙程度不一，承受的压力也不尽相同。因此，高校图书馆首先要搭建一个公平、公正、透明的业绩比较平台，能够让馆员有正确的概率估计和预测，使馆员对业绩优势体验产生一个比较明确的期望，以激发馆员的成就感。最后按劳动量、按业绩、按创造性来进行合理的分配，奖勤罚懒，打破平均主义分配传统，使优秀馆员产生优势成功体验，从而为馆员提供成就需要的满足。

3. 目标激励

目标是希望通过努力而达到的预期结果，是一种刺激和满足人的需要的外在物，心理学上把目标称为诱因。目标本身是行为的一个诱因，具有诱发、引导和激励行为的功能。由诱因诱发人的动机，再由动机到达成目标的过程称为激励过程。目标合适能够更好地诱发人的动机，规定着行为的方向。目标作为诱因对人们的积极性、主动性和创造性都起着强烈的激励作用。

目标要有可实现性、激励性和吸引力,这样才能保证目标的达成和激励效果的实现。因此,设置适当的目标,能够更加激发人的动机,调动人的行为的积极性。

目标设立的形式有多种多样,既可以是外在的、物质的实体对象(如工作量、工作报酬、奖金等),也可以是理想中的或精神的对象(如学历、学位、学术水平、先进工作者荣誉等)。

高校图书馆要根据各部门、各岗位的具体情况,结合高校图书馆的发展战略,设置一定的工作目标,并且要促使馆员把个人的发展目标和工作动机与高校图书馆发展的总体目标有机地结合起来,以充分调动馆员工作的积极性,努力为实现高校图书馆的事业发展做贡献。

4. 参与激励

高校图书馆管理与公司、企业不同,高校图书馆隶属于由国家财政拨款的高校事业单位,更偏重于社会效益,对于馆员来说缺少经济利益方面的有效驱动,这使高校图书馆馆员缺少强烈的生存危机感。

所以,面对当今激烈的社会竞争,高校图书馆只有通过民主管理,鼓励馆员参与高校图书馆的决策和管理,激发馆员的参与意识,调动馆员的工作激情,才能使馆员积极地为高校图书馆的发展献计献策。

馆员参与高校图书馆的管理,形式有多种,可通过建立馆员代表大会制度、干群对话制度、民主议事制度等形式,让广大馆员参与高校图书馆的民主决策和管理。

平等、尊重和信任是民主管理的基石。高校图书馆通过馆员的民主参与,认真倾听馆员的心声,充分地信任和尊重馆员代表及全体馆员,让馆员能共享高校图书馆的发展信息,使馆员充分了解高校图书馆的发展方向和目标,以便更好地确立馆员个人的奋斗目标。

通过馆员的广泛参与,会在高校图书馆管理者与馆员之间及馆员与馆员之间形成一种理解、尊重、信任、和谐融洽的气氛,让馆员对高校图书馆产生认同感、归属感和主人翁的责任感,能够进一步满足馆员受尊重及自我实现的需要,激发出馆员的活力,逐渐强化高校图书馆的团队精神和力量,从而使高校图书馆走上良性发展的轨道。

5. 工作激励

工作激励是指通过对员工分配恰当的工作，满足员工受尊重和自我实现的需要，从而激发员工内在的工作热情的方法。

高校图书馆管理者在分配工作任务时，应当使工作的要求和目标任务具有一定的挑战性，让工作岗位能力的要求可以略高于馆员的实际能力，这样能够有效激发馆员拼搏进取的精神。

高校图书馆安排馆员的工作岗位，应当按照人事相宜的原则来进行。如果馆员实际工作能力远低于工作岗位对能力的要求，小材大用，会造成安排的工作任务无法完成，给高校图书馆带来损失。此外，由于馆员工作能力差，不论其怎么努力也都无法完成工作任务，这样，他就会灰心丧气，对自己失去信心，不愿再做新的尝试，甚至会从此一蹶不振。这样的工作安排，不但对馆员起不到激励的作用，反而会起相反的作用，不利于高校图书馆目标的实现。而如果高校图书馆安排的工作岗位对能力的要求低于馆员的实际工作能力，即馆员的工作能力高于工作的要求，存在着大材小用的情况。虽然岗位工作任务能保证完成，但馆员的潜能没有得到发挥。随着时间的推移，他就有可能会对工作逐渐失去兴趣，失去了工作积极性，对高校图书馆也会越来越不满意，最终就会导致工作效率的低下。

每个馆员的能力有大有小，每个馆员都会有自己的爱好和特长，每个馆员也都会希望在高校图书馆能最大程度地发挥自己的聪明才智。而高校图书馆各项任务的完成往往也需要具有不同能力、不同专业特长的人来承担。高校图书馆管理者安排工作时，应根据工作性质的要求和馆员的个人能力和特长，把工作与馆员的能力有机地结合起来。这样的工作安排，不仅能使高校图书馆的任务很好地完成，同时还可以满足馆员自我实现的需要，极大地激发和调动馆员工作的积极性，实现人尽其才。

6. 薪酬激励

薪酬是劳动者依靠劳动所取得的所有劳动报酬的总和。薪酬激励只是相对于传统意义上利用工资、金钱等外在的物质利益来促使员工完成组织目标任务而言的，它主要是从尊重员工的"能力"和"愿望"等角度出发，努力创造出员工个人利益和组织利益的"一体化"氛围。

从对馆员的激励角度上讲，根据赫茨伯格的双因素理论，我们可以将薪酬分为两大类：一类是保健性因素薪酬，如岗位工资、固定津贴及养老、医疗保险类社会强制性福利项目等；另一类是激励性因素薪酬，如物质奖励、奖金、进修培训等。

在保健性因素薪酬方面，如果馆员的期望值实现不了，馆员会产生不安全感，导致出现士气下降、人才流失，甚至招聘不到或留不住高素质的人才等现象。但是，即使保健性因素薪酬高得足以能够吸引人才加入并且也能留住人才，但也往往被馆员视为应得的待遇，以致难以起到激励作用。而真正能起到激励作用、能调动馆员工作积极性的，主要还是激励性因素薪酬。

著名的马斯洛需求层次理论充分表明人的需求的层次性，只有当低层次需求得到满足之后，才会考虑高层次需求。员工的工资属于物质性因素薪酬，是满足人的低层次需求的重要保障条件，对绝大多数的人来说，仍是个硬道理。而那些高层次人才，他们更多追求的往往是精神上的满足，他们通常都具有较强的自我发展、自我实现的愿望，有了较高的工资待遇，但如果缺少进修培训和晋升发展方面的机会等激励性因素薪酬，再高的工资也会对他们缺乏吸引力。

所以，高校图书馆在制定薪酬激励战略时，必须首先考虑高校图书馆外部的社会竞争性，即必须以相同行业、相同职位的工资水平为基准，对于社会紧缺型高端专业人才，只有以高于市场的工资价位才能将他们吸引、招聘进来，并最终留住这些人才。

与此同时，薪酬激励还必须考虑到高校图书馆内部的一致性，即必须有科学的工作性质与工作量的分析，以及相对合理的职位价值评价。首先对高校图书馆内部的各个岗位所要求的知识、技能与职责等因素的价值进行评估。其次根据评估报告，将所有岗位划归不同的薪酬等级，每一个薪酬等级都包含若干综合价值相似或相近的一组岗位。最后根据市场上同类型岗位的薪酬水平来确定每个薪酬等级的工资率，并同时在此基础上为每个薪酬等级设置一定的薪酬范围。这样一来，馆员在选择岗位之初就了解所选岗位对应的岗位薪酬，这是多劳多得原则及责任大小同薪酬高低挂钩原则的充分体现。

为了增强高校图书馆的核心竞争力，薪酬激励的重点应当放在核心馆员和关键岗位之上，形成一种良性的、强调馆员个人知识和能力水平的激励机制，促进馆员积极通过自身努力提高个人的能力和素质来实现工资增长。

在实施薪酬激励的时候，有时薪酬总额相同，而支付方式不同，也会收到不同的激励效果。例如，将现金性薪酬与非现金性薪酬相结合，前者包括工资、津贴、奖金及"红包"等，后者可以包括高校图书馆向馆员提供的各种福利项目、实物、文体娱乐、旅游等，这些往往都能让馆员感到很有"面子"，有着很强的激励效果。

另外，常规奖励的时间间隔应当适当缩短，保持激励的及时性，这更会有助于取得最佳的激励效果。频繁的、小规模的奖励通常要比大规模的奖励更为有效。另外，减少一些常规定期的奖励项目，增加一些不定期的奖励类型，让馆员有更多意外的惊喜，也会增强激励效果。

（四）注重沟通的激励效果，建立全方位的沟通机制

沟通是指两个或两个以上的人或群体之间传递、交流感情和信息，加强理解的过程，以求达成思想一致或情感的通畅，即我们通常所说的交流思想。

沟通是组织的生命线。管理的过程，实际也就是沟通的过程。没有沟通，就没有管理；没有沟通，管理只会是一种设想或是一种缺乏活力的机械行为。

沟通需要借助的媒体手段有口头、书面、电话、传真、电子邮件、网络聊天工具、录像、会议和记者招待会等。沟通的目的是把某种思想、观念传达给别人，希望能让别人了解这一思想或观念。沟通的前提必须是建立在真诚的基础之上，以确保传达的信息的真诚度和可信度。

在传统的人事管理中，沟通长期呈现的是单向性的特点，突出强调的是管理者的领导权威和指挥控制的作用，很少考虑到被管理者的感受和体验对组织管理会产生什么样的影响。绝大多数情况下，沟通是由上而下的，上级发号施令，下级只有无条件地去执行。在这种沟通交流的过程中，员工无需也不敢轻易向上级反映自己对工作的态度及对工作回报的满意程度，只能唯唯诺诺，唯命是从，导致员工合理的需求得不到满足。并且在工作任务执行的过程中，上级通常会很官僚，不会主动地去了解员工的实际需求及工作任务的完成状况。因此，消极怠工、管理松散的问题非常严重。

而在现代人力资源管理中，沟通机制强调的则是双向性的、交互式的交流。这种沟通为每一个员工提供了"说话"和"参与"的机会，极大地增强了员工的

主人翁意识，提高了现代组织管理的效益。

高校图书馆管理者对馆员的相关要求要让馆员知晓、理解并执行，可以采取自上而下的沟通，通过指令的下达，对馆员的思想和行为进行引导和控制。同时，馆员对执行指令的感受和需求及指令的执行情况等也可以通过一定的反馈渠道向管理者反映、汇报。管理者对馆员汇报的情况适时做出回应，从而实现对高校图书馆的有效管理。

在人力资源的管理过程中，沟通本身就具有一项显著的激励功能。高校图书馆建立起有效的沟通机制，会有助于馆员情感的交流，了解馆员的需求，辅助决策，达成共识，挖掘潜能，留住人才，完成目标，满足愿望，促进和谐，使高校图书馆不断向前发展。

沟通激励，可以说是现代人力资源管理中一种重要的非薪酬激励的手段。譬如，在高校图书馆的日常管理工作中，管理者与馆员之间发生一些矛盾和冲突是在所难免的，馆员顶撞管理者的情况也会时有发生。遇到这些情况，管理者应当以豁达大度的态度坦然处之，积极主动地去与馆员进行交流沟通，与馆员真心交谈、坦诚地交换意见，以期圆满解决矛盾，而不能耿耿于怀，更不能处心积虑地蓄意报复。这样处理不仅不会有损管理者的形象，还会因此提高管理者的威信，加深上下级之间的理解与沟通，促进高校图书馆事业和谐稳定地发展。

所以，高校图书馆要重视沟通的激励作用，在高校图书馆内部建立起全方位的沟通机制，形成管理层与部门领导、部门领导与普通馆员、管理层与普通馆员及普通馆员与普通馆员之间的多层次交流对话沟通机制。这样就会让馆员产生一种自己被信任和被尊重的感觉，看到管理层愿意倾听他们的意见，他们的所作所为都在被关注、被重视，从而可以增强管理者与馆员之间的相互尊重、理解和感情的交流，激励着广大馆员以更大的努力投身到工作之中。

五、构建科学的绩效考核机制

（一）构建绩效考核机制的意义

所谓绩效，指员工在特定时间内通过努力所取得的可描述的或可测量的工作结果，其中包括工作行为和工作效率，以及此工作结果对实现组织未来战略目标的影响程度。

绩效考核是指考评主体对照既定的工作目标或绩效标准，采用科学、合理的考评方法，评定员工的工作行为、工作业绩（包括工作结果的数量、质量和效益等），以及员工在工作过程中所表现出来的工作态度、工作能力、个人品格等，从而判断员工是否与岗位的要求相称，同时，还可以进一步评价员工发展的需要或潜力，对员工将来的工作行为、工作效率和工作业绩等进行正面引导。

随着国家事业单位人事制度改革的进一步深入，高校图书馆也开始逐步实行以绩效制度为核心的人力资源管理。建立一套科学的、行之有效的绩效考核机制，利用考核手段帮助馆员清楚和理解绩效标准，收集和掌握馆员绩效信息，了解、掌控高校图书馆绩效目标进展情况，其效果不仅可以提高馆员工作的积极性，使其努力取得更好的工作业绩，同时还可以促进高校图书馆事业的可持续发展。

高校图书馆绩效考核工作的好坏将直接影响到馆员工作的积极性、责任感、事业心及创新精神，从而影响高校图书馆的整体工作。绩效考核机制的有效性对整合高校图书馆人力资源、调控馆员之间的关系极为重要。建立良好的考核机制，寻求切实可行的考核办法，有利于高校图书馆人力资源管理工作向着科学和良性的方向发展，有利于高校图书馆吸引人才和留住人才，有利于高校图书馆事业的发展。反之，如果绩效考核工作不能做到客观、公正，那么就会引发馆员情绪的消极和被动，工作上也会出现得过且过、应付差事等负面情况，就会严重阻碍高校图书馆工作的开展。

绩效考核，既是精神激励的一种形式，又是物质奖励的依据。高校图书馆通过绩效考核，一来可以检查各岗位的职责履行情况，检验馆内岗位设置与聘任是否合理，了解和掌握什么人需要什么样的岗位学习培训；二来可以增加管理者与馆员之间交流沟通的机会，使管理者更加清晰地了解馆员的工作状况，从中发现各岗位存在的问题，从而避免管理中的主观性和片面性，改进工作方法，提高管理水平；三来可以正确评价馆员的工作实绩、德才表现、责任心、主动性及创造性，发现真正优秀的人才；四来可以为物质奖励、评先评优、人员招聘、岗位晋升和人事调整等提供真实可靠的依据；五来可以有效地让馆员关注高校图书馆的发展战略目标，把最合适的人放在最合适的岗位上，实现高校图书馆和馆员个人的共同进步，共同发展。

（二）绩效考核标准的制定

高校图书馆建立一套较为完善的绩效考核制度，应包括考核目标、考核标准、考核主体、考核对象及考核反馈等。其中，考核标准至关重要。所以，在制定考核标准时，应当要注意以下几个方面的问题。

一是考核标准要具有可操作性。高校图书馆在制定绩效考核标准时，要在依据高校图书馆绩效目标的基础上，结合工作实际，确定绩效考核内容和考核办法，定性与定量相结合，内容要做到具体细致，方法要具有较强的可操作性。

二是工作数量和质量考核标准要科学合理。对实际工作数量和质量的考核，即在单位时间内完成工作项目量的多少、工作的轻重难易程度、工作的质量如何，都应当有据可查。不同的工作要以不同的标准进行量化，并且需要进行大量深入细致的调查、研究，标准要做到科学、合理。

三是考核标准要围绕岗位职责来制定。绩效考核是以高校图书馆的岗位为中心的考核，主要是考核考核对象是否能胜任某一岗位的工作。高校图书馆内各岗位的工作目标、性质和任务等都各不相同，不同的岗位其岗位职责也有着不同的要求，其考核的标准也应有所差别。所以，考核标准必须围绕各岗位职责的规定要求来制定，并且要结合高校图书馆发展的实际水平，恰如其分地确定标准的高低，既不能过高，也不能太低。

四是对考核标准的设定应区分出层次。考核标准中应明确规定，绩效达到何种程度是合格水平、何种程度是优秀水平及什么状况是不合格，给馆员提供对其绩效期望的标准。

五是考核指标应当简明扼要。名目繁多和太复杂的评价指标，只会增加考核管理的难度并降低馆员的满意度，也达不到绩效管理的目的。因此，考核指标的设定应当简洁明了并把握重点。

六是考核标准的制定要公开。在考核标准制定过程中，要让大家充分了解，让馆员积极参与，要广泛听取馆员的意见，与考核对象进行主动交流沟通，这才是保证绩效考核工作公平、公正、民主和科学的重要手段。

（三）注重定性与定量考核相结合

定性考核是指用等级划分或使用简短精练的评语来评价员工的能力和工作表现的方法，又称评语考核。

定量考核是指将考核评语转化成分数的考核方法。这种考核需要对每一个指标项目规定不同的得分，然后通过累计各个项目得分求得总分。这种考核简单易行，便于比较，但其客观性难以掌握。

定性考核采用的是经验判断和观察的方法，侧重从员工的行为方面进行考评；定量考评采用的是量化的方法，侧重对员工行为的数量特点进行考评。

在绩效考核中，定性考核能够体现考核对象的长远发展与隐性贡献，但是定性考核是一种总括性的考核，是一种模糊性的印象判断，往往带有一定的片面性和主观性，如果仅用定性考核，则只能反映出员工的性质特点。定量考核能够克服人为因素的干扰，但是它会在一定程度上造成考核对象评价的绝对化和凝固化，并且定量考核往往还存在着一些指标难以量化的问题，考核时如果仅进行定量考核，就可能会导致忽视员工质量方面的特征，使得考评不全面。

因此，在绩效考核过程中，为克服定性考核和定量考核各个方面的弊端，应注重定性考核与定量考核相结合，对员工工作的不同方面采用不同的考核方式，实现定性考核和定量考核的有效互补，对员工的工作绩效做出全面、客观而有效的评判。

高校图书馆的绩效考核工作，在定性考核与定量考核馆员工作方面，应当按照各个岗位的职责要求和年度工作计划目标，考核馆员工作职责的履行和工作目标的完成情况。工作职责的考核，重在考核馆员在一个年度内的工作内容、工作态度、服务质量、团结协作、考勤纪律及是否发生人为工作责任事故等方面的情况，这需要以定性考核为主；工作目标的考核，考核的是馆员在该工作岗位完成一个年度工作目标的情况，重在考核工作的实绩，特别是创新性的成果和科研方面的成果等，这主要以定量考核为主。定性考核和定量考核互为补充，实现对高校图书馆馆员的全面综合考核。

（四）注重考核过程中的沟通反馈工作

高校图书馆绩效考核是在找出人力资源管理中存在的问题基础上，对具有良好工作绩效的馆员进行精神或者物质的激励，而对于工作绩效较差的馆员，强调的是对其开展培训而不是批评、指责和惩罚，其终极目的是鼓励和促进馆员更好地履行岗位职责，使馆员个人、部门及高校图书馆组织提高工作绩效，促成馆员之间的真诚合作，更加及时有效地解决问题，从而使绩效考核机制成为高校图书馆管理者与馆员之间进行沟通交流的重要手段。

因此，为了使绩效考核工作在高校图书馆人力资源管理中发挥应有的指导和促进作用，高校图书馆应当将考核结果及时有效地反馈给被考核的馆员，使其了解自己考核的分数、突出的成绩、扣分的原因及存在的问题与不足等业绩评价结果状况。如果对绩效考核结果秘而不宣，则会导致馆员对高校图书馆组织的不信任与不合作。

及时而妥善地对考核结果进行反馈，一来可以纠正考核差错，提高考核结果的正确性，增强高校图书馆上下级之间的信任度；二来可以促使考核主体与考核对象及时地就考核结果及其得出此考核结果的原因、取得的成绩与存在的问题及其改进措施等进行有效的交流和沟通，以克服考核中存在的主观偏差，达成对绩效考核结果的共识，确保绩效考核的公平与合理；三来可以使高校图书馆的管理者了解绩效考核工作中存在的各种不足及馆员的意见，以便在此基础上制定更加完善的绩效考核机制和馆员个人的事业发展计划；四来可以使馆员更加清楚地了解自己的工作状况，认识到自己的长处与短处，明确自己努力的方向，激发馆员的积极性和上进心，提高工作绩效，从而提高高校图书馆的整体工作绩效。

总之，绩效考核本身不是目的，绩效考核只是手段，绩效提高才是目的。高校图书馆通过建立科学、完善的绩效考核机制，让馆员在绩效考核中更加清楚自身的不足与差距，使其不断改进和提高自己的工作能力，从而营造一种激励馆员奋发向上的良好环境，最终达到高校图书馆人力资源管理工作的改善和整体工作绩效的提升。因此，可以说绩效考核的真正目的是促进馆员和高校图书馆的共同发展。

第四章 高校图书馆阅读推广及其重要性

第一节 大学生阅读素养的培养

阅读是对书刊报纸等载体的书面文字、表格、图片及数字化载体的文本内容和意义进行理解、整合、评价,积极思考,以此提出新见解,获得解决现实问题的能力。它是读者获取信息、积累知识和启迪心智的主要途径。提高大学生的阅读素养,既是国家软实力的重要指标,也是传承和发扬国家、民族优秀文化的重要方式。对于阅读素养的教育与培养,是培养个人"终身学习"能力的必要保障,也是其他各种素养教育的基础。

一、阅读素养的定义理解

"阅读素养"一词起源于国际教育成就评估协会(International Association for the Evaluation of Educational Achievement, IEA)在1991年对国际阅读素养研究的有关论述,它将其定义为"理解和使用书面语言形式的能力,儿童阅读的文本既符合社会要求,也受到个体的欣赏和重视"。随后,IEA 针对小学阶段的学生推出了国际阅读素养进展研究(progress in international reading literacy study, PIRLS)。PIRLS 将"阅读素养"定义扩展为"理解与运用社会需要的或个人认为有价值的书面语言的能力,儿童能够从各种文章中建构意义,通过阅读进行学习、参与学校和日常生活中的阅读者群体并获得乐趣"[1]。在"互联网+"时

---

[1] 郑宇. PIRLS 研究概述及其对国内小学语文教材编制的启示 [J]. 课程·教材·教法, 2013, 33(02):109-114.

代背景下，获得知识的渠道从纸质文本范畴逐步扩展，新兴的数字媒介实现了文本电子化，可视、可听、可读的电子文本也被纳入阅读材料的类型中。在这种时代背景下，由经济合作与发展组织（Organization for Economic Co-operation and Development, OECD）发起和统筹的国际学生能力评估计划（programme for international student assessment, PISA），在 2018 年提出，阅读素养"是为实现个人目标、增进知识、发展个人潜能及投入社会活动而对文本的理解、使用、评价、反思和参与的能力"[1]。

PISA 每三年举行一次评估，其核心测试内容包括阅读素养、数学素养和科学素养。PISA 对阅读素养整体水平的测试格外重视，在举行过的 8 次测试中，以阅读素养为主要测试内容的就有 3 次。对阅读素养的认识，从作为个体的一种重要能力，到强调个体通过阅读来进行学习。现在的焦点是，鼓励个人在阅读素养的形成过程中，要具备参与社会的能力，在满足自我需求的同时，也积极对社会和国家做出贡献。

以阅读能力为核心的阅读素养，对个人智力和创造力的拓展具有重要价值。阅读素养是个人融入社会、满足生活和工作需要必备的素质。运用阅读所得到的信息解决现实问题，能大大促进个人的精神成长和专业发展。

二、阅读素养的构成要素

基于认知心理学的研究，更加丰富了阅读素养的内涵。胡继武[2]在《现代阅读学》中，根据阅读的生理机制和心理活动的特点，提出了阅读过程可划分为认读、理解、评价、贮存应用和创新五个阶段。PISA 所反映的阅读素养是一个由低到高的完整认知水平的连续统一体。阅读素养使学生能够在各式各样的文章中找出意义，汇集知识，持续互动理解，从阅读中学习，运用阅读技能、阅读技术和阅读策略，分析读物并透视读物，提出许多有见地的问题，解决各种学习问题。所以，阅读素养也被视为学习技能。

---

[1] 王聪. PISA 2018 测评新变化及其对香港语文阅读教学的启示 [J]. 现代基础教育研究，2018，30（02）：88-96.

[2] 胡继武. 现代阅读学 [M]. 广州：中山大学出版社，1991：23-25.

阅读的性质使我们认识到，阅读能力是在阅读实践中形成和发展起来的复杂心理特征和有关的知识、技能的总和。阅读能力的结构因素是读者多种积极的心理活动在阅读过程中的交织运转。

（一）提取信息

阅读总是从读者的主观愿望或外界的客观需求开始，阅读行为必须具有一定的知识积累。这里的"知识"概念，是指从事阅读需要的知识储备，包括生活经验、一定的科学文化知识及工具性知识，如语言知识、文本知识等基础理论知识。兴趣和注意是进行阅读的前提。对文本的感知是阅读活动的开端。从这个意义上讲，感知能力是十分重要的。读者对字词知识的掌握，辨识字词的正确性及流畅性的能力决定了阅读能力。没有感知能力，发展其他能力会受到极大的限制。

在阅读时，书面语言符号首先作用于读者的视觉，光从单词上反射并被眼睛吸收，经由视神经传输到大脑，成为文字的视觉形象。其次是内部融合，相当于基本理解，指将正在阅读的信息的各个部分与其他相关部分关联起来的过程。最后再传递到思维中枢，变为意义；而后再传至言语运动中枢，发声读出。

眼停、回视和视读广度影响着感知的速度和质量。人必须具有一定的感性知识才能进行阅读，感性知识是主体更好地理解和接受文本中某些内容的前提。阅读速度与阅读的生理过程有直接关系。据研究，人们的阅读生理过程有两种不同的形式。

一种是文字以光波的形式落在人眼的视网膜上，然后由视神经传到大脑的言语视觉中枢，引起大脑的思维活动，从而理解了文字所表示的意义。这种过程就是默读。

另一种是文字以光波的形式落在人眼的视网膜上，然后由视神经传到大脑的言语视觉中枢；言语视觉中枢又把信号传至言语运动中枢，引起发音器官的运动，发出文字的声音；声音又通过耳朵传至言语听觉中枢。三个言语中枢协同动作，在大脑中引起思维活动，从而理解文字的意义。这种过程就是朗读或低诵。由于默读不必经过声音的转化和输入，直接由视觉吸收信号，过程简单，所以速度比朗读和低诵快。感知能力是指运用词汇、语法、句法及语言学方面的知识储备，感知、辨识文本与文本结构，获取文本中的主要信息及基本意义的解码能力。

（二）推论

从阅读素养提升的角度看，在阅读过程中，大脑在感知文本的基础上，利用已有的知识与经验，通过一系列分析与综合、比较与概括、演绎与归纳等抽象思维活动，了解阅读文本的思想内容和语言形式，这构成了阅读理解的核心。而阅读文学作品，理解能力还伴随着读者的表象、联想、想象、情感等一系列形象思维活动。有效的阅读是理解深、记忆牢、速度快的阅读。所以，记忆也是构成阅读能力的心理因素之一。

（三）整合与阐释信息及观点

阅读是一个认知过程，学习阅读就是要学习一套完整的阅读规则和方法，形成良好的阅读习惯，能自主地从读物中提取所需要的信息。这个信息加工过程是由一系列具体的阅读行为和相应的阅读技巧组成的。读者识字量、词语量、句式量的多少，关系到阅读感知的确定与速度，是读者从读物中汲取和掌握知识不可或缺的条件。这种阅读技能反过来又促进大脑智力发展，促进对阅读段落、篇章、修辞、逻辑等方面的理解。

读者不仅要阅读最原始的阅读内容，还要利用高校图书馆查阅文献资料，解决阅读中遇到的理解性问题和深度思考后的延伸阅读问题。

文献资料是指图书、报刊和其他出版物上刊载的文字材料。在学习和科学研究活动中，人们常常需要查阅各种文献资料来解决自己遇到的疑难问题。

1. 确定查找范围

确定查找的范围，也就是决定从哪类书籍报刊、电子资源中查找所需要的资料。如果不确定所需专著或刊物的具体名称，读者可以利用关键词进行搜索。

2. 借助各种检索工具

在确定了查找的范围后，可利用专门的检索工具，如工具书、电子资源库的检索工具、图书期刊目录等，进一步确定该查阅哪些刊物，从而找到有关资料。

通过查阅工具书、参考书，可以解决有关知识方面的问题。例如，要想知道朱熹是何许人，《观书有感二首》是怎样的文学读物，可以通过查阅纸质资源和电子资源，得到以下信息：朱熹（1130—1200 年），字元晦，又字仲晦，号晦庵，晚称晦翁，谥号"文"，世称朱文公。宋朝著名的理学家、思想家、哲学家、教育家、诗人，闽学代表人物，理学集大成者，被后世尊称为朱子。《观书有感二首》是朱熹的组诗作品。这两首诗是描绘其"观书"的感受，借助生动的形象揭示深刻的哲理。通过阅读和分析文章，解决文章内容方面的有关问题。这样必然会加深对读物的理解，甚至在理解的基础上有所发现、有所创造。

在查阅文献资料时，首先，要选用最新版的工具书。一般来说，最新版的工具书内容较新，由于许多学科的名词解释随着学科的发展不断更新，所以新版工具书使用价值也较高。其次，要学会使用《中国图书馆分类法》（原称《中国图书馆图书分类法》，简称《中图法》）[①]。利用《中图法》可以满足读者对于信息资源组织和知识检索的需要。再次，要掌握信息检索的基本知识，学会使用数据库检索工具。计算机网络是现代信息社会最重要的基础设施之一，网络资源一般由专业性较强的数据库组成，这就要求读者要熟练掌握各种网络资源、专业期刊、图书、工具书、科技报告、专利、标准等的使用方法、检索方法及检索技能，才能有效发现、准确获取和高效利用所需的信息资源，解决阅读理解与研究中遇到的问题。最后，学会围绕读物选择浏览、撷取大意、圈点评注、提要钩玄、述诵笔记、综览品评、边读边提出问题等，通过分析思考，从深度和广度两个层面加深对读物的理解，从而提高阅读理解的质量。此外，质疑也是一种阅读方法。从心理学的角度看，在阅读中不断提出问题，进而分析问题和解决问题，可以使读者的思维处于活跃状态，主动地去探索读物所表达的思想。

总之，阅读是一个从浅层认知到深层认知、从理解文本意义到挖掘深层意义的循序渐进的过程，查找、积累各种相关的知识是阅读能力得以形成和发展的基础。

（四）评价文本内容与表达

阅读评价是指采用科学的态度和手段，通过分析文本信息，更加深入理解文

[①]《中图法》是中华人民共和国成立后编制出版的一部具有代表性的大型综合性分类法，是当今国内高校图书馆使用最广泛的图书分类、编目的分类法体系。它是根据图书资料的特点，以科学分类为基础，采用从总到分、从一般到具体的逻辑系统，其参照系统、注释系统及类目体系简明、易懂、易记、易用、分类规范、准确。读者可以根据分类方便地、快速地找到自己所需要的资料。

本，促进读者进一步思考文本中作者所表达的观点和现实问题，对阅读主体和客体进行判断、评论，最终提高阅读质量。

突出强调阅读评价的原因在于，评价是对阅读认知观所强调的互动性与构建性的阅读本质与理解本质的进一步认识。换句话说，评价是为了体现读者在甄别和选择文本信息的过程中的策略应用与导向。读者在阅读的过程中，通过自我评价可以发现问题，从而改变和调整相对应的阅读思维方式和方法。阅读评价的对象可以是阅读材料的主旨思想、作者创作意图、表现手法等，也可以是读者发挥个人创见，从阅读内容中发现和挖掘的新答案等，这是读者超越作者本意进行再生产的实践和创新活动。阅读评价意识的培养，实际上就是在阅读中对思维能力的训练。

三、阅读素养的核心——阅读能力

阅读能力是指读者运用已积累的知识和经验，开展阅读活动的能力。阅读能力是阅读素养的核心，理解能力是阅读能力的内核部分。分析与综合、评价与创造，是阅读从感知到意识，再到理性，是对知识追求的不断量化积累，最终激发读者理性的思考和创新。

（一）阅读能力的分类

阅读活动一般是因读者、读物、阅读目的、阅读技能各异而有所不同的。一个具有全面阅读能力的读者，应具备认识性阅读能力、分析性阅读能力、评论性阅读能力和创造性阅读能力，能根据学习或工作的需要，确定阅读目的，选择相应的阅读方法。

认识性阅读能力：包括确定阅读目的、独立查找必读材料、选择阅读方法三方面的能力，以便理解词句、观点的直接意义。所谓认识性阅读能力，就是培养阅读的悟意、明理能力，是由认字识词的感性阶段到理解内容的理性阶段的深化。阅读中的理解消化能力，要求在了解一字一词表面意思的基础上，进而理解语言文字之间的内在意义及内部联系，理解文章的思想内容、篇章结构、写作方法。认识是阅读的深化，是阅读的关键，是阅读能力中最为重要的一种能力，是推进智力活动、保证阅读效果的根本动力。

分析性阅读能力：是对层次、段落、文意、技法的分析与综合，既是阅读中对文章内容的理解消化过程，也是阅读中思维活动的整体性表现。通过分析与综合，我们才有可能达到对文章全部内容和精神实质的把握与理解。

评论性阅读能力：鉴别和欣赏。

创造性阅读能力：对文章的内容和观点进行辩驳，触发创造愿望，实现阅读创新。

（二）阅读的两种方式

不同的读者对同一类型读物可能进行不同方式的阅读；同一读者由于年龄、身份和认识阶段的不同，对同一类型读物也可能进行不同方式的阅读。所以，阅读动机、阅读兴趣决定了阅读活动的选择和导向。由于阅读目的、读物性质、阅读方式的不同，人们在阅读活动中创造了多种不同的阅读方法。这些阅读方法从出声与眼看的角度，可分为朗读与视读；从阅读速度的角度，可分为慢读与速读等。

根据阅读的详略、深浅程度，人们把阅读分为精读和略读两种方式。

1. 精读

精读是运用得最为普遍的一种阅读方式。它不仅要求按照顺序，仔细地看清每一个字词、每一句话，通过阅读理解揭示出阅读内容；还要求弄懂词语的表面意思、中心思想、感情色彩和深刻含义，对文章的词、句、段、篇进行深入的思考和评价。

精读还要求能把一篇阅读材料与其他作品或现实生活相联系，能对所描绘的情景仔细体会思索，力求使自己置身于作品之中，在原来掌握的固有知识与读物中的新知识之间建立必要的联系，用自己的生活经验去比照、去丰富，其过程是对文献进行再加工的过程。精读是人们逐步认识文本内容之间的联系，直至认识其本质的一种思维活动，要求能客观地站在作品之外，对作品的思想内容和表达方法做出全面的衡量和判断。

2. 略读

略读也是一种很重要的阅读方式。它与精读不同，不是逐字逐句地理解分析，而是像雷达扫描捕捉目标一样，搜索表达文章标题、观点和中心思想的重点语句，把握文章的结构，对于文中有些材料常常略去不看。

略读过程中也有由此及彼的联想，但想象活动很少；也要求对文章做出评价，但只对文章的某些方面做出评价，而不对文章的得失进行全面衡量。

略读这种方式，前人也早有采用。据《三国志》记载，诸葛亮和徐元直等人一起读书，别人"务于精熟，而亮独观其大略"。这就是略读。纵观大意，迅速把握住主要之点，这正是略读的基本特点。不过应当指出，略读与那种心不在焉、走马观花式的读书不同。前者是一种有目的的、精神高度集中的阅读活动，而后者则是毫无目的、漫不经心地乱翻。

精读和略读这两种阅读方式，是由不同的阅读材料和不同的阅读环境所决定的。对经常进行精读的读者来说，也需要略读，可以帮助自己迅速了解一本书，并通过略读来判断各部分内容，以安排自己的阅读方法。精读和略读各有各的用处，关键是根据实际情况恰当地加以选择和运用。

第二节　高校图书馆阅读推广的理论透视

阅读是文化传承之途，是学习与创新之源。文化是民族凝聚力、道德感召力和知识创造力的重要源泉。只有重视阅读，善于学习，才能更好地传承中华传统文化和民族精神，吸收现代优秀文明成果，促进个人素养提升，提高文化软实力。正是因为阅读的重要性，阅读推广理念越来越受到世界各国的关注。

一、高校图书馆阅读推广的发展历程

我国高校图书馆的阅读推广工作与20世纪80年代中后期我国开始出现的高校图书馆阅读指导、高校图书馆导读工作及校园文化建设有渊源。那个时候，高校图书馆的资源主要为纸本书刊，比较重视图书导读工作，通过创办读书社团、举办讲座、读书会、新书推介、推荐书目、读书写作与交流等活动，来推动校园阅读氛围的形成及促进学生人文综合素质的提升。

随着信息技术的发展，电子资源逐渐成为高校图书馆馆藏的重要组成部分，并日益为用户所倚重。在此背景下，围绕电子资源的推荐与使用，高校图书馆的工作重心发生了很大的转变，参考咨询、信息素养教育等工作日益被视为高校图书馆支持教学科研的主体服务，而以图书推介为主的图书导读工作逐渐被边缘化，与之相关的阅读指导及推广工作处于可有可无的状态。高校图书馆如果认为该工作值得投入人力物力去做就开展；反之，就处于断断续续、时有时无的状态。

高校图书馆的宣传推广方式包括多元媒介的宣传报道、会议报告及开展读者活动。很明显，两者的推广目标、推广重点、推广方法及推广对象均有所不同。为增强高校图书馆与读者的联系，高校图书馆亦会举办形式多样的读者活动。过去这类活动通常被称为"读者服务月"，活动项目包括读书活动、信息素养教育活动，以及其他高校图书馆服务推广活动。阅读推广兴起后，许多高校图书馆以"读书节""读书月"为名来开展读者活动，并有意识地突出活动的阅读主旨，并增加阅读推广活动在读者活动中的比重。虽然在高校图书馆宣传中无需过分关注各类型工作的定义区分，但在整体工作的规划、组织与管理过程中则需要明确其范畴所指，如此方能避免由于概念不明所导致的阅读推广重点与特色不足、创新性不够、成效不佳等问题。

作为信息服务机构，信息素养教育是高校图书馆的重点工作。基于读者活动的传统，现今的研究者或高校图书馆从业人员亦常将信息素养讲座视为阅读推广活动。从高校图书馆宣传或工作总结的角度讲，这样的归类有较强的便利性，但太宽泛的界定必定会削弱核心成效。在阅读推广已成为高校图书馆常态化、活动化的主体服务内容之一的形势下，仍将信息素养教育的内容归并到阅读推广工作中显然是不合适的认知及做法。阅读推广并不是高校图书馆日常活动的补充，也不是大众化的读者活动，它已成为与信息素养教育工作、情报服务工作等同样重要的高校图书馆服务工作重点领域之一。高校图书馆是向读者推广阅读的主体，必须了解阅读推广的概念范畴，方能有效定位、规划、管理推动各项工作有效开展。

二、高校图书馆阅读推广的结构分析

（一）高校图书馆阅读推广的组织架构

阅读推广已成为高校图书馆的重要工作领域。相应地，高校图书馆亦需要采取有效的组织管理机制来推进此项工作的开展。高校图书馆的传统组织结构通常设置有采编部门、流通借阅部门（或称读者服务部门）、信息技术系统支持部门、参考咨询与情报部门、行政与后勤部门，以支撑高校图书馆的运营。在而今转型变革及建设全民阅读社会的时代，有许多高校图书馆对传统组织结构框架下的岗位设置及职责进行了调整，也有为数不少的高校图书馆对组织结构进行革新，以适应变化的形势及需求。

下面列举一些高校图书馆及部分较有特色的阅读推广组织的高校图书馆网站的结构设置。

北京大学图书馆在新的形势下对组织结构进行了革新，设置了8个业务部门，包括文献资源服务中心、古籍资源服务中心、特藏资源服务中心、知识资源服务中心、数据资源服务中心、协同服务中心、计算服务中心，以及1个职能部门——综合管理中心。其中，协同服务中心是负责支持教学、研讨、社交与学习的多功能服务中心。阅读推广相关服务也列为该中心职责范围：针对学生的学习和生活流程，提供形式多样的人文服务，如迎新、毕业系列活动及针对特定对象的交流活动等，同时负责微信、微博等社交媒体的运营维护与发布等。

南开大学图书馆设有11个业务部门，包括文化建设与推广部、资源建设部、读者服务一部、读者服务二部、多媒体服务部、古籍特藏部、信息咨询部、学科服务部、网络技术部、办公室、后勤保卫部。其中，文化建设与推广部的职责为：高校图书馆文化环境建设；策划与组织阅读推广、文化推广、服务推广等工作；开展高校图书馆文化阵地活动，发挥"服务育人"职能，组织策划专题文献展示活动、导读活动等；策划与开展形式多样的人文素质服务活动，包括迎新、毕业、读书节、服务月等系列活动；组织开展主题读者活动，如读书讲座、读者沙龙、讲座讲堂及针对特定对象的交流活动等；社交媒体宣传，微信、微博等社交媒体的运营维护与发布等。

上海交通大学图书馆设置了7个部门,包括资源建设部、读者服务部、学科服务部、情报研究部、特藏服务部、信息技术部、综合办公室。其中,特藏服务部承担阅读推广工作,其职责范围包括:重点围绕校园文化建设,在培育大学精神、科学精神方面发挥作用,积极配合学校为提升人才的综合素质做出贡献;发展特藏资源建设和特藏服务。其人文拓展方面的主要功能为:借助各种媒体、技术与工具,依托讲坛、展览、社会实践等多种载体,开展有效的阅读与文化推广。

武汉大学图书馆阅读推广工作由咨询与推广部负责。该馆组织结构分为3层,总馆下设8个部门,包括党政办公室、总务办公室、资源建设中心、文献借阅中心、学术交流与服务中心、古籍保护中心、特藏中心、技术支持中心。学术交流与服务中心下设咨询与推广部、学科服务部。其中,咨询与推广部的职责为:组织新书展览和宣传导读工作;负责教学与培训组织工作;负责高校图书馆主页制作与更新;组织开展读者宣传推广活动。

(二)高校图书馆阅读推广的部门职责

1. 部分职能调整

为应对快速变化的外部环境,多数高校图书馆采用了依托传统职能部门——主要是读者服务部、流通借阅部,也包括参考咨询部或其他相关部门,来开展阅读推广工作。例如,清华大学、复旦大学、西南大学、华中师范大学、湖南大学、湖南师范大学、云南大学、宁波大学等高校图书馆,将阅读推广工作归入读者服务部、综合流通部、参考咨询部及办公室的业务范围内,作为部门的重要工作职责。这种组织方式的优势有二:一是便于高校图书馆在不做大的组织调整的情况下开展社会需求的新业务、新服务;二是在稳定推进的基础上推动传统部门的业务创新。

另外,部分高校图书馆虽然没有在部门工作职责中写入阅读推广,但将之纳入学科馆员工作体系。如海南大学图书馆实施"学科馆员阅读推广"模式,将专业阅读推广规定为学科馆员职责。学科馆员是专业书籍(包括专业数据库)阅读推广的主导者,肩负着专业书籍宣传推广的责任。首都师范大学图书馆学科馆员参与读书小组的组织及阅读辅导工作。学科馆员通过与相关院系的教师、学生在知识层面上进行深入交流，可以在充分了解读者需求的基础上，为读者阅读学科经典提供帮助。

2. 跨部门项目组

从不同业务部门抽调人力组成项目小组，通过部门间的协调推动阅读推广工作，也是不少高校图书馆的选择。这种组织方式最大的特点在于灵活机动，且便于组织开展阅读推广工作需要的分布于不同部门及岗位上的成员，打破固有部门容易导致的条块分割，促进不同部门间的交流与协作。这种方式对组织管理者的领导、协调能力要求甚高，对于大型高校图书馆尤其如此。上海交通大学、同济大学、武汉大学、南京农业大学等高校图书馆都采取或者曾经采取过这种工作模式开展阅读推广工作。

例如，在读者服务部成立之前，同济大学充分重视阅读推广工作的有效开展，为保证"立体阅读"推广工作长期有效地执行，专门组建了一种"矩阵型"机制。这种组织机制是平时由一位图书馆负责人领导223人的工作小组进行阅读推广工作的系统规划和选题策划，在确定项目之后，抽调图书馆各个部门的人员组成一个项目工作组，从事具体的策划和实施。在活动中，组建了展览布置、海报与网站专栏设计、影视片选放、相关图书推荐及征文作品选评等工作小组分别开展工作。待项目完成，抽调上来的工作人员回到原来的岗位中去。武汉大学图书馆成立专业的推广服务组，配备专职和兼职人员，开展阅读推广工作。由专职推广工作的人员担任活动策划人员、宣传品的设计人员、网页宣传人员和全媒体宣传人员的职位。工作组经常进行工作讨论，策划和设计阅读推广内容。

三、阅读推广成效与高校图书馆组织管理

（一）高校图书馆阅读推广组织的特性

阅读推广工作的成效与高校图书馆对其组织管理的方式紧密相关。当前高校图书馆主要从实践需要出发，为开展阅读推广工作采取了相应的组织架构方式。如果以组织理论为指导、以实践需求为牵引，来设计组织结构，应该更为科学合理。组织理论是管理理论的核心内容，是研究组织结构、职能和运转及组织中管

理主体的行为，并揭示其规律性的逻辑知识体系。

1. 系统开放性

阅读推广系统具有开放性。阅读推广系统离不开外界环境条件，与社会相互联系。系统接受环境的输入，继而加以转换，然后输出再供给社会。而社会接受阅读推广系统的输入后，又产生了新的社会环境，新的社会环境又再次输出，如此形成一个生态循环体。阅读推广系统，不断地从外界环境中汲取先进的思维理念，以及资源保证，维持其发展的基本要求，不断向前发展。同时又将阅读推广事业的成效传播给周围环境和社会环境，通过营造阅读推广氛围，从而影响高校或社会文化事业的发展。阅读推广系统与外界环境，通过彼此之间的相互作用、相互交流、相互影响，不断完善、共同发展。阅读推广活动的目标会随着外部环境需求的改变而不断完善，阅读推广团队也通过不断地自我学习，激发创新思维，更新已有知识，以适应环境的不断变化。

2. 结构不平衡

不平衡就是无法达到平衡态，指的是在一个系统的内部，能量的分布是不均衡的。远离平衡态是有序之源，如果没有远离平衡态，系统仅仅开放是没有用的，因为系统仅在平衡态附近，与外界交流也仅能起到类似微扰的作用，不能使系统发生本质的变化。只有将系统逐渐从近平衡区推向远离平衡的非线性区，才有可能使系统演化为有序结构。耗散结构与平衡结构本质上是有区别的。高校图书馆阅读提要是不断变化着的，高校阅读推广组织只有遵循远离平衡态的原则，才能建立有效的管理体系。

阅读推广团队成员包含很多学生志愿者，由于学制等因素，学生志愿者通常不具备较强的约束性，团队成员稳定性较弱。阅读推广活动更强调阅读推广的目标、理念、品质，力求做到推动校园文化的提升，乃至推动社会文化的发展、全民文化素质的进步。因此，反映在阅读推广的文化上则是不能保持静态的平衡，要不断地自我完善，顺应社会需求的发展，追求创新，不断突破。阅读推广的外部环境需求处于随机变化、难以预测的环境中，因此更是必须具备"随机应变"的能力。

3. 相互作用性

高校图书馆阅读推广组织的各要素中具有非线性相互作用的特征。非线性相互作用具有非独立相干性、非均匀性、非对称性等特点。非线性相互作用是自组织产生与发展的根本原因。阅读推广组织多个子系统之间存在非线性相互作用：其一，阅读推广的外部环境与阅读推广团队之间存在非线性相互作用，能够促进阅读推广团队的发展壮大，激发阅读推广团队成员的积极性与主动性；其二，阅读推广团队成员与读者之间存在非线性相互作用，如读者对团队成员组织的阅读推广活动的赞赏与积极参与，或是通过阅读推广活动受到启迪并给予良好的反馈，能够激发阅读推广团队成员工作的积极性和主动性，使他们的工作具有获得感、成就感。

4. 趣味性

阅读推广对象即读者，通过阅读推广活动，培养了阅读兴趣，进而形成了崇尚阅读的校园风尚，能够推动高校图书馆阅读推广机制的发展和完善。其实，阅读推广团队成员之间存在非线性相互作用。馆员的科学指导与启发，能够激发学生团队参与的主动性与积极性。与此同时，学生团队的参与和反馈，也能够促使馆员不断调整团队相处模式，从而使阅读推广团队的效益最大化。

（二）高校图书馆阅读推广的组织结构设计

自组织理论对高校图书馆阅读推广工作的组织架构具有很强的适应性和指导意义。以用户为中心的"自组织"式的阅读推广组织结构应当有如下特点：第一，阅读推广目标既具确定性又具灵活性；第二，组织者和读者是阅读推广活动的共同主体；第三，阅读推广活动是一个开放的系统，要适应开放的外部环境要求；第四，阅读推广活动过程是一个正负回归的交替运作过程，因此在阅读推广活动中，要形成动态的激励和考核制度。

1. 确定阅读推广活动的目标

阅读推广活动的目标是指阅读推广活动所要达到的预期标准及读者通过阅读活动所产生的预期效果，也是阅读推广活动想要达成的最终结果。在"自组织"式阅读推广中，阅读推广活动的目标虽不乏要推进全民阅读的总体目标，但活动的细分目标往往都是暂时性的规划，具有很大的灵活性和不确定性，需要随着活动的开展，以及开展过程中组织者和读者的相互作用而使其不断清晰、明确起来。因此，组织者在制定目标时，要明确其具有纲要的、多元的、开放的、动态的规划特征，对其进行弹性预备。

组织者可以采用以下三种方式确定目标：车轮式策略、树枝式策略和网络式策略。车轮式策略是指组织者在充分了解活动环境及受众情况的基础上，以某一特定目标为母目标，预备各种可能产生的、彼此独立的子目标，并在活动过程中根据实际的活动情境灵活择取和选用。车轮式策略的特点是活动目标辐射范围广。树枝式策略是指组织者依据活动环境及受众情况，以特定活动目标为基础衍生出与此目标相关的另一个目标，并又以第二个目标为母目标衍生出新的目标。网络式策略是指组织者依据活动对象及效果，对活动过程中可能产生的问题与兴趣点进行联想并罗列出来，并以此为基础再进行联想，罗列出相关的问题与兴趣点，最后综合起来，形成一个活动目标网络。

2. 组织共同体建立

（1）建立完善的激励机制

高校图书馆阅读推广的核心因素是人。因此，阅读推广必须充分发挥人的能动作用，要通过制度文化来鼓励竞争，建立完善的激励机制，协同发展。

稳固的制度保障能够有效地减小阅读推广组织受外部环境、对象反馈等不稳定因素的影响，从而促进阅读推广组织稳定、成熟。制度设计是高校图书馆阅读推广活动的起点，具体表现在高校图书馆建立明确的阅读推广制度体系，将阅读推广写入馆员乃至部门的工作职责，纳入考核评审体系，能够为推广阅读组织的发展提供强有力的制度支撑。高校图书馆应该将阅读推广活动制度化和规范化，从制度层面确保阅读推广工作的规范性和连续性。

同时，根据馆内实际环境的差别，形成稳定的阅读推广队伍，如"矩阵型"的阅读推广小组或专门的阅读推广部门等。"矩阵型"的阅读推广小组，可以由一位高校图书馆负责人领导2～3人的工作小组进行阅读推广工作系统规划，在确定项目之后，可抽调高校图书馆各个部门的人员组成一个临时的班子，从事不同的具体策划和实施，并根据活动效果进行反馈优化。具有良好的阅读推广工作基础、对阅读推广工作需求较多的高校图书馆，可以成立专职部门负责阅读推广工作，或是将阅读推广工作写入某一部门的具体工作职责，这是从制度层面推进阅读推广活动的重要举措。随着阅读推广活动在高校的深入开展，专职部门可以在更大的范围以更优的人力、物力，集中做好阅读推广的宣传工作。

（2）改革运营团队组织结构

扁平化的组织结构能够更加有效地促进运营团队的发展。通过进行组织结构的调整和精简，通过运营团队的组织结构的改革变化，来推动阅读推广工作的发展。通过以任务为导向的方式，基于某一阶段具体工作，以核心团队为中心，根据具体要求引入具有相关技能的辅助团队、学生志愿者团队共同完成阅读推广工作。

核心团队：高校图书馆阅读推广是一个常态性的工作，涉及的环节较多，参与主体多样，具有复杂性，因此需要一支专业的运营团队，且运营团队的核心团员需要由专业馆员担任，负责推广工作规划的制订、日常运营和与学生志愿者团队的沟通协调。高校图书馆可以根据阅读推广工作实际的体量和需求，确定自己的核心团队，既可以成立固定的阅读推广部门或文化活动相关部门，也可以将阅读推广工作纳入传统职能部门的部分馆员职责，或是组建横向的阅读推广工作组，等等。推广馆员在高校图书馆阅读推广服务中具有举足轻重的地位，如何激发高校图书馆馆员主动学习，提高高校图书馆馆员参与阅读推广服务的积极性，保持高校图书馆馆员从事阅读推广服务的持续热情，是完成高校图书馆阅读推广服务人才储备的关键环节。第一，专业馆员需要具有专业的业务能力，熟悉高校图书馆的馆藏资源与服务，能够制订专业的阅读推广活动规划。第二，专业馆员需要具有较强的沟通能力、协调能力。由于阅读推广工作的复杂性，专业馆员需要和馆内技术部门、资源部门、服务部门等进行沟通协调，同时组织阅读推广活动往往还需要与校内各部门形成联动。专业馆员需要具备与学生志愿者团队及读者的良好的沟通能力，以促进活动效益的最大化。第三，专业馆员需要有明确的分工，根据具体的业务要求对专业馆员的岗位职责进行细分，既有负责专职推广活动的活动策划人员，也有负责宣传推广工作的全媒体宣传员等。第四，专业馆员需要拥有良好的领导能力，能够领导学生志愿者团队，充分调动学生志愿者团队的主动性和积极性，引导学生志愿者团队在阅读推广工作中发挥重大的作用。第五，专业馆员需要拥有对阅读推广工作的极大的热情、认真细致的工作态度和对该项工作职业认可的使命感和责任感。

辅助团队：由于阅读推广工作具有多样性的特征，活动形式丰富，内容涉及面较广，需要不断地对活动模式进行创新性探索，单独依靠核心团队很难有效地完成任务。因此，往往还需要拥有相关专业背景的学科馆员、相关技术背景的技术人员及资源馆员等。辅助团队可以根据不同的任务灵活组建，能够实现团队成员之间的优势互补,减少了工作的盲目性,从而使团队效能得到最优发挥。比如,组织学科专业阅读,可以吸纳该专业的学科馆员进入辅助团队,能够很好地弥补核心团队成员缺乏该专业知识的问题,也能够使成员之间的交流更顺利,并能对不断变化的外部开放环境做出迅速的反应。

学生志愿者团队:不同于社会阅读推广工作,高校阅读推广工作以学生为主要对象。学生可以作为管理者,更多地参与到阅读推广工作中来。高校图书馆成立以学生为主体的阅读推广志愿者团队,不仅拉近了与学生的距离,而且有助于充分便捷地了解学生的阅读需求。通过参与策划丰富多彩的文化活动,不仅锻炼了学生的能力,而且提升了学生的综合素质,达到文化育人的目的。学生志愿者团队的形成也符合自组织的特征,学生由于对阅读推广感兴趣或因自身能力发展的要求而自发加入,团队的运转和管理也具有充分的自治性。因此,学生志愿者团队的发展也会经历自创生、自生长和自适应这三个发展阶段。在自创生阶段,学生由于自身兴趣等因素加入团队;在自生长阶段,随着团队的壮大,根据各自的兴趣爱好、专业技能、学科背景等进行更进一步的分工,在这一阶段管理制度建立完善,团队的分工更加明确,团队的稳定性也逐步加强;在自适应阶段,团队成员要根据外部阅读环境的变化、读者需求接受程度的变化等不断加强沟通交流,进行自我调整,进入成熟稳定的运营期。专业馆员需要对学生志愿者团队进行专业引导、培训考核等,不断引导学生志愿者团队走向成熟。

第三节 高校图书馆阅读推广的要素

关于高校图书馆阅读推广要素,可以从"主体""客体"和"载体"角度来分析,以便理解阅读推广服务的内容。

一、高校图书馆阅读推广的主体

高校阅读推广活动的发起者、组织者、实施者和管理者,是高校图书馆。高校图书馆阅读推广主体作用体现在高校图书馆职能发挥与学习型校园环境构建等方面。高校图书馆作为保存教学资料及文化遗产的重要场所，是实现校园知识传承与发展的根基。

高校图书馆可以联合校内部门（如团委、学生处、研究生院、院系、宣传部等）和校外组织合作开展各项推广活动。读书协会、文学社等社团是与高校图书馆联合开展阅读推广活动最多的学生组织。与他们合作有三点优势。

一是"高校图书馆搭台，专家学者唱戏"，一方面可以解决院系由于缺乏完整的阅读资源而存在的困难，另一方面又可以解决高校图书馆馆员队伍本身的专业和素养难以适应非高校图书馆学科专业阅读所涉及的深度问题。例如，武汉大学图书馆医学分馆与武汉大学学生社团阅微书社合作，寻找各种有兴趣、有阅历的人开展微天堂真人图书馆项目。该项目通过采访真人、编写索书号、制作海报软文等方式进行推广，所出版的真人图书采用平等交谈的形式供读者阅读。微天堂真人图书馆邀请到的主讲人都是各个领域的专家学者和精英，如海外志愿者、"90后"作家、公司首席执行官、互联网达人、世界记忆大师、心外科医生、考古队员、手绘画师、漫画家、诗词大赛冠军、配音演员等。

二是在课余时间组织开展讲座、沙龙，增进专家学者与读者之间的交流。例如，微天堂真人图书馆的口号是"读有故事的人，做有深度的书"，倡导读者与主讲人进行深度对话。在主讲人演讲（30分钟）之后，给现场及线上的读者提供更长的互动及问答时间（约90分钟）。读者多问几个"为什么"意味着会有更多来自各方面的想法可以交流，主办者营造良好的氛围，使"交流"变成了活动的一道亮丽的风景线。

三是读者与专家学者面对面交流，不仅可以分享读书心得、研究感悟，还能够了解与读书生活相关联的个人经历、心路历程。微天堂真人图书馆通过读者与专家学者现场交流，引导读者学习读书技巧、治学方法，理解读书与学习生活之间的深刻联系。同时，专家学者对提高读者参与热情、吸引读者积极参与交流互动具有感召力。

二、高校图书馆阅读推广的客体

高校图书馆阅读推广客体主要是阅读读物——传统的纸质图书、电子资源等,再就是提升读者阅读能力、培养阅读兴趣、养成阅读习惯及营造阅读氛围。

总体来说,高校图书馆阅读推广服务的对象是全校师生。事实上,师生群体间存在图情需求的差异,需要我们进一步细分阅读推广客体,才能有的放矢、精准服务。

一般来说,根据教师的专业、学位、职称、年龄等标准可以划分出阅读推广客体的子群;同样,依据学生的专业、年级等标准也可以划分出阅读推广客体的子群。我们还可以根据师生的图情需求来划定阅读推广客体。比如,学生准备考研究生、公务员、职业资格证书等,他们的需求有很大的区别。认真研究阅读推广客体,调查研究师生具体的图情需求,是开展好阅读推广活动的基础性工作。前期调研充分,往往能起到事半功倍的效果。

三、高校图书馆阅读推广的载体

阅读推广载体通常是指本馆馆藏。若不是高校图书馆自己的馆藏,理论上是不适合推荐的。馆藏包括三类:现有馆藏、未来馆藏和延伸馆藏。

(一)现有馆藏

高校图书馆现有馆藏资源的推荐方法比较依赖于图书管理集成系统附带的推荐功能。由于知识产权保护,数据库之间的底层数据格式、基本架构的算法存在巨大差异,一个数据库就成了一个壁垒森严的堡垒。在知识壁垒不断加厚的今天,读者需要一个库一个库地寻找资源。如何让读者在海量资源中快速找到所需要的文献,或者如何增强知识的可及性,是高校图书馆必须面对并亟待解决的重要课题。

随着高校图书馆馆藏资源增加、大数据技术应用及读者需求多元化,高校图书馆在揭示现有馆藏方面已经开始尝试利用新型智能技术寻找读者感兴趣的资源,及时将海量资源推送给有需求的读者,充分发挥现有馆藏的作用。比如,广泛应用计算机领域和电子商务领域的用户画像技术,是当前高校图书馆计算机辅助分析读者需求特征、实现精准图情服务的一个热门话题。用户画像是通过数据建立描绘用户的标签的过程。具体而言,是通过分析消费者社会属性、生活习惯、消费行为等信息而抽象出该消费者需求偏好的一个标签化的过程。用户画像将焦点聚集在目标读者的动机和行为上，进行数据挖掘、分析，进而提取读者的兴趣标签，了解读者的需求过程，用于个性化资源推荐服务、精准图情信息服务及读者服务拓展等方面。

（二）未来馆藏

高校图书馆近年来对未来馆藏建设计划采用了创新形式，对阅读推广和校园文化建设有很大的促进作用。

一是"你荐书，我买单"图书荐购活动。高校图书馆馆员在前期调研的基础上精心筛选图书，现场为师生加工、借阅图书，这种现选、现编、现借一条龙服务新模式对满足读者需求更具针对性和适用性，博得了广大师生的一致好评，提高了借阅率。

二是举办外文原版学术图书展，开展现场选购活动。其目的是提高高校图书馆馆藏的学术性和专业化，更好地为本校科学研究与学科建设提供资源保障。例如，杭州师范大学"2018年外文原版图书展"为全校师生准备了5000余种外文原版图书，供师生挑选教学科研所需的原版图书资料。图书内容紧扣各专业研究方向，涉及文学、教育学、法学、历史学、艺术学、哲学、经济学、医学、管理学等学科。这种活动有利于丰富高校图书馆外文原版馆藏，助力教学科研，提高学生阅读兴趣，满足学校教学科研对外文原版图书的需求，推动书香校园建设，为师生营造良好的阅读氛围。

三是以图书排行榜为索引，寻找高质量的图书，推进馆藏建设。如何选择图书，多读好书？主流媒体的读书专版或读书频道都会定期推出图书排行榜。尽管个别图书排行榜背后有商业利益驱动，但是，综合考察多个图书排行榜就会对出版动态和一段时间内的图书精品有所了解。我们将图书排行榜作为寻找高质量图书的线索，是切实可行的。

最具影响力的年度图书排行榜当属"中国好书"。"中国好书"排行榜是由中国图书评论学会推出的，中央电视台一套专题节目发布。"中国好书"旨在通过好书推介传递正能量，具有权威性和引导全民阅读的作用。

"中国好书"遴选程序十分严格，先以全国主流媒体排行榜入榜图书、重点出版社申报的印数为 4 万册以上的精品畅销图书和重点推荐的优秀图书、知名书评人推荐的优秀图书为基础，再广泛征求意见，组织专家学者评议，最后郑重推出。入选"中国好书"的图书，紧随时代前进步伐，在社会政治、经济、学术创作、社会生活等诸多方面有较高艺术水准和制作水平，能够指导读者建立健康、科学的生活方式，给人以较高的审美享受。"中国好书"排行榜可以用作图书入藏的指导。比如，高校图书馆可以把 29 本 2017 年度"中国好书"作为阅读推广活动用书，活动前需逐一查重，若馆里还没有，那就应该一边推荐一边采购。这种采用文献调研与网络搜索相结合的方式，可以保证高校图书馆以优质图书扩充馆藏资源。

（三）延伸馆藏

在读者需求面前，单个高校图书馆的馆藏总有不能满足读者需求的时候。因此，高校图书馆之间加强合作、实现资源共享具有特别重要的意义。馆际互借和文献传递是传统的馆际合作、资源共享的有效方式。

在纸本主导馆藏的时代，对于读者需要的图书，可根据高校图书馆之间的协议，通过馆际互借的方式满足读者需求。比如，一本很珍贵的图书，学术价值很高，应该向读者推荐，但很昂贵，高校图书馆没有收藏，就可以通过馆际互借的途径获得所需文献，弥补馆藏资源因馆舍和经费限制而无法完全满足读者需求的缺憾。

在网络信息技术条件下，数字化电子文档能够通过互联网迅速传达到任何互联网的终端。文献传递就是信息化、数字化条件下新型的文献共享方式。文献传递的流程：读者通过文献共享平台一键检索所需要的文献，检索到文献所在高校图书馆，向所在馆发出文献请求，对方管理员将文献数字版传递至读者指定的邮箱。目前较为著名的文献互借传递平台有上海交通大学的"思源探索"、复旦大学的"望道溯源"等。

第四节　高校图书馆阅读推广的重要性

高校图书馆阅读推广无论对社会还是个人都具有重要的价值，它不仅能够有效传播正能量，还能够使我国优秀传统文化得以传承。除此之外，高校图书馆阅读推广还对大学生综合素质的提升具有重要的意义。

一、高校图书馆阅读推广对社会的意义

（一）有助于推动社会文化建设

对于我国社会发展来讲，加强文化建设，对增强我国核心竞争力具有积极作用，对倡导全民阅读有诸多价值：第一，激发社会公众重视我国优秀的传统文化；第二，能够汇聚社会正能量，有效处理人与社会之间的关系；第三，能够有效提升文学教育与科研水平。高校图书馆进行阅读推广工作，需以综合素养较强的学生志愿者与馆员等为主体，以高校图书馆的资源共享平台和物理空间为实际载体，构建长效阅读推广机制，将文献资源传播或利用到地方经济建设中，这将会带来巨大的服务效益，为推动社会文化建设提供有利条件。

组织实施全民阅读活动，可以动员党政机关、事业单位、企业单位和群众团体共同开展全民阅读活动，调动他们的积极性，利用他们的资源，以壮大全民阅读活动的规模，使全民阅读活动延伸并深入到各个机关、单位、街道、社区和乡村，让全体城乡居民都能参加全民阅读活动。

（二）使每个社会成员掌握最基本的技能——阅读

阅读是每个社会成员必需的最基本的技能。组织开展全民阅读活动，是提高广大居民阅读能力的重要途径。对于文化水平较低的居民，提高其阅读能力对他们的发展尤为重要。

高校图书馆阅读推广活动是全民阅读推广活动的重要组成部分。当今，人类已经走向阅读社会，世界上许多国家都把阅读推广当成政府的重要职责，我国将开展全民阅读活动，把推进阅读社会的形成当成文化发展的主要任务。开展高校图书馆阅读推广活动对落实国家全民阅读政策有重要的积极意义。

二、高校图书馆阅读推广对高校图书馆的意义

高校图书馆在学校教育教学中一直起着非常重要的作用，它是学校教育教学的重要组成部分，是学校的文献资料中心，是传播文化知识和精神文明的场所，是发挥教育职能的重要阵地。高校图书馆的服务对象主要是教师和学生，要想真正发挥高校图书馆的作用，应引导人们积极使用、正确使用高校图书馆。在当前大力推进素质教育的背景下，加强和重视高校图书馆的建设并发挥其应有功能有着十分重要的意义。开展阅读推广活动对充分发挥高校图书馆的阅读导向功能、开阔学生视野、引导和培养学生良好的阅读习惯、提高学生综合素质必将产生积极的影响。高校图书馆的阅读推广活动意义重大，必须紧紧围绕学校的培养目标，根据学生的特点，组织和开展学生工作。

高校图书馆的阅读推广活动既可以陶冶学生的情操，提高学生的道德修养，使学生掌握科学的学习方法；又可以充实学生的课外活动，使学生远离不良习气的诱惑。所以，学校的阅读推广活动是非常必要的，也是非常重要的。阅读推广的策略也要因馆而异，各具特色。阅读推广是一个长期工作，高校图书馆要保持阅读推广主题的连续性，增强影响力，真正使学生认识到读书的重要性，都参与到阅读中来，充分发挥高校图书馆在学校教育教学中的职能。

三、高校图书馆阅读推广对大学生的意义

（一）有助于促进大学生提高阅读水平

伴随无线网络和智能设备的普及，以网络移动技术、数字资源为基础的数字阅读开始进入人们的日常生活。然而，数字阅读使用时需要专用设备，内容的权

威性与可信度有待考证，通俗化、快餐化等问题使得阅读只是浮光掠影，没有永久的回味和深入的思考。大学生的阅读理解能力不成问题，但对信息的识别能力、筛选能力、利用能力及以信息创新知识的能力参差不齐，这些方面需要加强指导。高校图书馆作为信息知识中心、阅读推广基地，有条件也有能力对大学生的数字阅读内容进行科学的引导，提供个性化定制的学习资源，以期提高大学生数字阅读能力，优化阅读质量。

（二）有利于培养大学生的阅读习惯

大学生因为各种原因，其阅读质量、数量、能力都有所下降。高校图书馆通过有效的措施引导大学生重视阅读，根据大学生的类型和需求特点，有针对性地开展阅读推广活动，培养大学生坚持读书、用心读书的阅读习惯，对大学生的成长和成才有重要的意义。

随着读书月活动内容和形式的多样化，越来越多的大学生参与到读书月活动中，高校读书月活动的影响力也在逐步扩大。高校开展读书月活动是落实全民阅读政策的具体体现，举办读书月活动可以激发大学生的读书热情，用有趣而丰富的活动内容来引导大学生养成爱读书、读好书、会读书的阅读习惯，在高校范围内形成读书尚学的文化氛围。

高校开展读书月活动是提升高校图书馆服务水平的有力武器，它有利于拉近高校图书馆和大学生之间的距离，与大学生产生共鸣，激发大学生的阅读欲望，使大学生主动参与到阅读中去，使读书活动融入大学生的个人生活，增强大学生的文化底蕴，最终把正确的阅读观念牢牢扎根在大学生心里。高校阅读推广活动实践力度也在不断加强，这对提高大学生阅读兴趣、树立大学生正确的价值观、带动全民阅读具有重要意义。

（三）有助于提高大学生及时、准确获取信息的能力

伴随教育体系的改革及创新，大学生核心素养的提升是十分重要的。在教育体系改革及创新的过程中，为了使大学生在核心素养培养方面能够逐步地提高自身的创新创业素养，应该认清高校创新教育中存在的限制性问题，转变创新创业教育中存在的认知不清、教学单一，以及忽略创新创业教育与专业教育缺少融合

的问题，通过完善创新教育体系，使大学生在学习的过程中掌握专业性的学习技能及创新创业能力，展现高校课程教学的价值，并充分满足现代高校复合型人才的基本需求。在现阶段高校创新创业教学的过程中，教师在教学整合中，应该积极强调大学生核心素养的提升价值，通过对大学生综合素养的引导，进行课程教学体系的改革及教学目的的创新。教师在创新创业教学的过程中，应该认识到核心素养下大学生创新创业能力提升中存在的限制性问题，并针对这些问题构建专业性的解决策略，通过分层次教学、课程内容的确定、多元化教学情境的设计及创新化教学方法的设计等，整合课程教育体系，使大学生在多种课程教学中认识到创新创业教学的目的性，提高大学生的创新创业能力，从而实现核心素养背景下创新创业体系的稳定创新。

互联网的开放性和交互性深刻地影响了人们的阅读习惯，以浏览为主的快餐式阅读导致大学生在阅读中缺乏注意力和独立思考能力。虽然互联网给大学生带来了获取信息的便利，但大学生也很容易迷失在信息的海洋中，被各种无用的信息包围，难以实现知识的有效积累。虽然一些大学生愿意去阅读，但是他们缺乏合理有效的阅读方式，这影响了阅读的速度和质量。高校图书馆应该通过阅读推广活动培养大学生的高效阅读能力，使大学生在阅读过程中及时、准确地获取信息，从略读向精读转变。这将有助于大学生建立他们的知识结构，提高他们的阅读质量。

第五章　高校图书馆阅读推广活动策略探讨

第一节　高校图书馆阅读推广的一般方法

一、组建阅读推广团队

阅读推广团队就是根据阅读推广工作规律，在阅读推广活动中承担规划的制订与执行的团队。它是阅读推广管理控制系统的一部分。阅读推广团队可采用直线制组织形式。直线制组织形式的特点是阅读推广团队内部实行从上到下的垂直领导，各级负责人按照管理的目标，把阅读推广涉及的人、事、物组织起来，建立管理制度，合理调配各类资源，负责整个阅读推广的组织与协调。关于阅读推广团队，主要涉及以下几方面的工作。

第一，设置阅读推广团队。阅读推广团队是由管理层和基层人员组成的一个共同体，通过合理利用每一个成员的知识和技能，协同工作，解决问题，达到共同的目标。团队的构成要素是明确的团队目标、团队组成人员、团队定位、团队权限和团队计划。

第二，确定团队结构的作用和责任，建立一个统一有效的管理系统。团队负责人需确定阅读推广项目的定位，规划项目发展方式，管理阅读推广活动项目预算及人力计划，并监督阅读推广活动过程，对下属进行指导及培训，提高阅读推广工作人员素质。

第三，确定团队成员、任务及各项活动之间的关系，对资源进行合理配置，有效地实现共同目标和任务。

第四，设置专用阅读推广活动空间，用于读书沙龙、小型讲座、经典阅读等活动。

第五，阅读推广成效评价。例如，四川大学图书馆阅读推广项目"光影阅动·微拍电子书"就是在阅读推广团队建设方面有借鉴价值的案例。微拍团队由馆长牵头，研究馆员作为顾问指导，以"馆员＋志愿者"的模式组建。阅读推广项目小组的组织架构分为两个部分：一是读者服务，二是技术中心。其中，读者服务人员包括馆员、教师、学生志愿者若干名。技术中心的工作是调研分析大学生读者群体的阅读现状、阅读需求、心理特点等方面的情况，根据阅读推广实际情况，有针对性地组织协调活动，制定适合其阅读兴趣的推广方案，然后开展视频拍摄、宣传海报、技术财务、活动实施、活动评估等方面的工作。"光影阅动·微拍电子书"案例一方面树立了阅读推广团队组织管理控制的理念，另一方面证明了阅读推广团队管理控制系统对阅读推广活动的价值定位、策划组织、环节衔接、媒介运用、读者心理、后期效果评价等细节工作有所帮助。

二、确定阅读推广的主题

阅读推广主题是指阅读推广活动的主要内容。在集体参与的阅读推广活动中，以一个主题为线索，将内容具体化、数字化，并且列出多条办法，这样可以非常轻松地分析出每一条的可行性和可操作性，然后选择最佳解决方式，以便围绕主题进行互动交流。

相对传统的阅读推广活动来说，主题阅读推广活动更具系统性和实用性。主题阅读推广活动是以一个话题为主线进行拓展的活动。通过挖掘与主题相关的阅读读物、文艺题材，主题阅读推广活动也更灵活、更有新意，几个小主题就可以构成最后的大主题。

阅读推广活动可以根据季节、节日及学生们的兴趣，灵活地确定阅读推广主题。主题阅读推广活动可以定一个大主题，分几次几个月完成，如精读活动就需要参与者多次深入学习与交流所思所感，这样参与者的思考能力会得到提高，进而提升个人阅读素养。再如，同济大学图书馆连续几年组织的主题阅读推广活动"立体阅读"，活动内容包括展现中国传统戏剧和水墨画等传统艺术魅力的"粉墨中国",反映我国各民族舞蹈精华的"缤纷华夏",展现大型敦煌复原壁画精品的"再现敦煌",感知中国城市文化精髓——海派文化的"经典上海",多层次展现中国古代建筑、古遗迹、古书画、古乐等古代文化魅力的"中华记忆",纪念俄国作家列夫·托尔斯泰[①]逝世100周年的"走近托尔斯泰",以及纪念中德建交40周年的"感受德国文化"等。每个主题的"立体阅读"活动都采用了"观展览、听讲演、看电影、读名著、享互动"五位一体的模式。

主题阅读推广活动也可以定一个主题,一个月或半个月完成,如"21天阅读打卡计划"。这样灵活的阅读推广形式,是传统的阅读推广活动所不具备的。主题阅读推广活动对保障传统纸本阅读的影响力及读者的系统性阅读,满足读者信息查找、精读和交流信息方面都有促进作用。例如,上海外国语大学图书馆"纪念巴金先生逝世10周年"系列活动,就是借助多方资源,多举措推进的主题阅读推广活动,取得了良好的效果。

高校图书馆阅读推广围绕主题开展讲座、展览、交流、互动等活动,容易激发读者的阅读兴趣和提高学习效率,帮助读者在浓厚的文化氛围和轻松愉快的学习气氛中增长知识、提高阅读素养。

三、通过合作的模式推广阅读活动

很多高校图书馆开展阅读推广活动时主要以校团委、院系和学生社团为阅读推广活动的主要力量,较少有与区域内其他高校图书馆或公共图书馆联合开展阅读推广活动的情况,各高校图书馆间也很少有稳定的、横向的协调机制,因而无法进一步扩大阅读推广活动的规模和促进联动效应,限制了阅读推广活动的传播力和影响力。

高校图书馆可基于地区因素,与本地其他高校图书馆和公共图书馆加强交流、互相学习,开展馆际合作。一方面,建立区域性图书馆联盟资源共建共享体系,为读者提供更多可共享的阅读资源。另一方面,联盟可以联合举办资源利用与经典阅读讲座、竞赛等活动,共同开展阅读素养指导,推动读者信息素养教育,

---

① 列夫·尼古拉耶维奇·托尔斯泰(Alexei Nikolayevich Tolstoy),19世纪中期俄国批判现实主义作家、政治思想家、哲学家,代表作有《战争与和平》《安娜·卡列尼娜》《复活》等。

从而产生阅读推广的规模效应。

例如，上海外国语大学图书馆联合巴金故居共同举办推广活动，推出以"家""春""秋"为主线的巴金图片主题展，不仅获得了巴金故居的大量珍贵文献、图片资料的支持，而且在活动经费上也得到了大力支持。巴金故居为该高校图书馆的阅读推广活动提供校外场所，即活动期间上海外国语大学读者可以免费参观巴金故居；上海外国语大学图书馆则为巴金故居提供多语种志愿者服务，不论笔译还是口译，将巴金先生的精神推广至全世界。上海外国语大学图书馆通过与巴金故居的合作，发挥本馆乃至本校资源特色，有效扩大了上海外国语大学在社会上的影响力。

高校图书馆、校内其他部门及校外的相关单位和部门之间的相互合作与配合，不仅扩大了阅读推广活动的影响力，而且读者参与度和受众人数都有不同程度的提升。

第二节 高校图书馆阅读推广活动品牌化

为了让不了解阅读的人了解阅读，让了解阅读的人爱上阅读，高校图书馆开展了各种类型的阅读推广活动，积极响应大学文化传承创新使命及相应要求，参与人文素质教育，加强读者信息素养教育，如复旦大学图书馆的图书"漂移"、同济大学图书馆的"立体阅读"、华东师范大学图书馆的移动阅读、上海交通大学图书馆的"鲜悦（Living Library）"、四川大学图书馆借助经典 AIDA 模型[①]制作的"光影阅动·微拍电子书"及武汉大学图书馆举办的"微天堂真人图书馆"等活动。这些有效尝试都是全方位、多层次、学生易于接受的活动形式，意在创新高校图书馆服务模式，将这些活动办成独特的品牌，在读者中形成较大的影响力。

文化品牌的构成，除了其独具特色的外在标志，关键还在于标志的文化功能和文化意蕴的外化，以帮助读者储存和提取品牌记忆。

---

① AIDA 模型是营销沟通过程的一种，包括注意（attention）、兴趣（interset）、欲望（desire）和行动（action）四个阶段。

品牌形象主要包括标志、标志色、标志语和吉祥物，它们是一个品牌区别于其他品牌的重要标志。品牌标志通常由文字、图案组成，涵盖了品牌所有的特征，具有良好的宣传、沟通和交流的作用。品牌形象能够帮助人们认知并联想，使读者产生积极的感受、喜爱和偏好。

品牌视觉形象须要其内涵具有象征意义，形象统一稳定，不能随意变换，这是品牌吸引读者、获得认同和增强归属感的重要条件之一。品牌形象设计要结合读者的心理需求，力图使品牌达到简洁、易记、易于联想的效果。

例如，上海交通大学图书馆阅读推广品牌"鲜悦（Living Library）"（图5-1）[①]，通过邀请校园生活中各有建树的特色人物作为每期的"畅销书"，与读者面对面交流其关注和感兴趣的主题。其寓意是我们的每一本书都是"鲜活"的，"新鲜知识在愉悦中传授"。"鲜悦（Living Library）"的品牌标志设计充分体现了以下内涵：①平放的书籍，使画面充实并具有纵深感。②从书中跃出的"人物"形象好像主角，"鲜""悦"的笔画勾画出的"人"好像听众。③强烈的对比色，拉开了距离感，表现出特殊的视觉对比与平衡感。标志设计采用了橙、蓝、白三种具有象征意味的颜色。橙色代表时尚、青春、律动，具有令人活力四射的感觉和炽烈之生命的内涵。蓝色代表宁静、自由、清新，是一种具有较强扩张力的色彩，为标志提供了一个深远、广阔、平静的空间感。白色的色感光明，白色代表了性格朴实、纯洁、快乐。冷暖色调搭配使画面更加有层次感。

图5-1　上海交通大学图书馆阅读推广品牌"鲜悦（Living Library）"标志

该标志不禁使人联想到："鲜悦（Living Library）"活动是在搭建一个自由、炫动的交流平台，让人感受到这是一个充满新鲜资讯、朝气蓬勃、灵动活跃的新

[①] 图片引自上海交通大学图书馆官网。

型高校图书馆。在"鲜悦（Living Library）"中，读者所借阅的"书"已经不是传统意义上的"书"，而是由活生生的人充当，因此读者的"借书"行为变成了"借人"行为。

"鲜悦（Living Library）"品牌标志以独特的视觉特征给人留下深刻的印象，标志内涵体现了"沟通、分享、交流、启迪"的理念，引导读者在自由、平等的交流互动中碰撞思想的火花，感悟精彩的人生，激励读者回归阅读。

各高校图书馆也采用多种形式的宣传妙招。除整体设计的标志、标志语、标志色以外，或是设计吉祥物，或是邀请代言人开展各种个性化、创新性的阅读推广活动，帮助读者在浓厚的文化氛围和轻松愉快的学习气氛中增长知识、提高人文素养。例如，中山大学图书馆的"猫头鹰"、重庆大学图书馆的"伊妹儿"、武汉大学图书馆的"拯救小布"游戏吉祥物等品牌设计，将品牌形象与阅读推广相结合，取得了良好的效果。

广西民族大学图书馆从2015年起，为了培养学生的专业阅读能力，让学生熟悉本专业的优秀图书、电子资源、期刊等相关学习资料，学会利用高校图书馆的资源，提高专业学习的效率，举办了"相思湖畔"专业阅读推广系列讲座活动。该活动用学校的标志性景点"相思湖"命名，以部分学科为试点，邀请学校一级学科带头人、专业任课老师及校内外知名作家等，与同学们畅谈关于读书、专业、学习和阅读技巧等方面的问题，采用座谈、讲座等形式开展专业阅读交流活动。

除此之外，高校图书馆在每场活动现场还会推介与专业相关的资源，如书刊展、电子资源培训讲座等信息。学生不仅可以在面对面的讲座中接触本专业的学科带头人，而且还能了解到本校图书馆馆藏信息，提高信息素养能力。

第三节　高校图书馆网络交互平台的推广

随着新媒体和网络技术的发展，大学生读者获取信息的成本降低，他们的阅读方式不再是单一的纸质阅读，新媒体阅读日益增多。在新媒体应用环境下，高校图书馆传统的"坐、等、靠"模式已完全不能满足读者需求，高校图书馆应该利用新媒体将阅读作品主动推送给读者,这样可以达到主动服务的良好效果。高校图书馆可以将馆藏资源、阅读活动、数据库资源通过移动高校图书馆、微博、微信等推送到设备终端,使读者随时随地掌握阅读服务内容,将资源利用最大化。高校图书馆因读者而存在,服务是高校图书馆一切工作的出发点和落脚点,服务读者才是高校图书馆存在的价值使命,做好读者服务工作高校图书馆义不容辞。

第一,增加馆员与读者间良性的互动。高校图书馆馆员与读者之间普遍缺乏联系,更缺乏良性的互动。新媒体时代的到来,为我们提供了多种多样交流的方式,不再拘泥于传统的面对面方式。

第二,采取每日打卡方式。可建立多个读书打卡微信群组,由管理员定期推荐阅读某一本书。读者每天阅读后在对应的群组中打卡标记,通过一段时间的积累,让读者养成良好的阅读习惯。读者可以在群里畅所欲言,发表自己的阅读感受;阅读后可以写出读后感发到群里,大家相互交流心得体会。读者之间也可以相互督促、共同进步,在无形中找到一群志同道合的阅读伙伴,扩大交际范围。此外,管理员可以采用激励的策略,对表现突出的读者发放一定的物质奖励。通过每日打卡的方式,读者与高校图书馆馆员间建立了长期互动交流的关系,有助于高校图书馆馆员了解特定用户的需求。

第三,创建不同的阅读兴趣群组。将读者按照兴趣、专业特点、研究领域等进行分组,根据这类读者的特点进行图书推荐,在群组中发布相关活动信息,有针对性地引导读者合理地利用馆藏资源,参加自己感兴趣的活动。除此之外,还可以根据角色创建不同的群组,如入学新生群组、毕业生群组、教师群组等,方便为他们推送相关信息。

第四,发布消息到微信公众号或微博。高校图书馆可以将平日的活动内容重新编排,采用新颖的方式发布到公众平台上,充分利用新媒体手段调动学生群体参与活动的热情。例如,荣膺第十四届国际图书馆协会联合会(International Federation of Library Associations and Institutions, IFLA)国际营销奖第一名的北京科技大学图书馆的"读书天"项目,从全校师生读者中征集读书书评,再通过微信公众号每天向全校读者选择并推送一本推荐图书的书评或书中的精彩片段,为大学校园营造了一个良好的阅读环境。

第五,增加多样化的交流板块。高校图书馆可以在微信公众号增加多样化的交流板块，如学习交流板块、技术交流板块等。读者可以在各类板块自由探讨技术问题或学术问题，从而开拓思维，不断提高自身各方面的水平。除此之外，读者针对某些活动的问题或者想法，可以直接发布到社交平台上。高校图书馆馆员会在第一时间进行解答，这样缩短了回复问题的时间，有助于提高高校图书馆与读者互动的效率。

第六，开设特色化的推送服务。高校图书馆可根据学校的专业特色，定期在微信公众号推送专业化信息。比如，医药类的院校可定期推送医药领域相关的文献，财经类的院校可以推送经济专业的文献及财经方面的前沿消息等，最大限度地发挥专业化的功能。难点主要集中在将该领域的最新咨询、信息、消息等进行加工整合，从而达到有效利用的目的。

第四节　高校图书馆阅读推广评价体系构建

阅读推广评价体系是指由一系列与阅读推广评价相关的效果评估、过程评估的评价制度、评价指标体系、评价方法、评价标准等形成的有机整体（图5-2）。阅读推广评价体系的科学性、实用性和可操作性是实现对阅读推广进行客观、公正评价的前提。

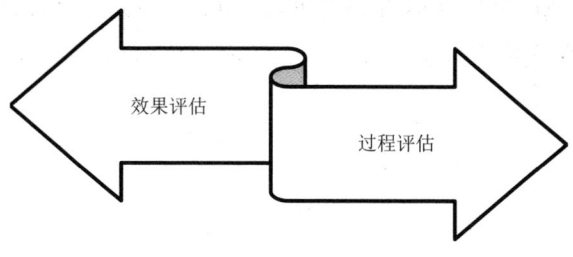

图 5-2　阅读推广评价体系

效果评估一般分为短期评价和中期评价。短期评价指活动当天调研到的参与者的感受与建议；中期评价包括统计分析所荐书目的借阅量变化情况，教师在期末对参与活动的学生所做的专业成绩评价等。

过程评估用于总结活动实施过程中的问题，分析哪些因素提升或降低了活动预期效果，哪些活动应该继续坚持，哪些活动应该改善甚至取消，以及主要问题出在什么地方，如组织工作的难题、宣传不到位等。过程评估对活动组织者有积极的总结提示作用，为日后开展同类型活动提供理论和实践依据。此外，还应着重建立阅读推广活动评价的原则和方法，以达到优化、提高、创新阅读推广活动，使其可持续发展的目的。

随着高校图书馆阅读推广的深入开展，高校图书馆界除了继续关注应用性的研究，也密切关注阅读推广的各个方面，包括高校图书馆阅读推广的概念框架、阅读内容和方式从传统走向数字化所面临的挑战、高校图书馆阅读推广的合理性审视、高校图书馆加强多方合作开发推广方式、信息资源与服务的整合开发、深入研究读者的阅读心理和阅读行为、高校图书馆阅读推广评价体系及其价值等，不断拓展阅读推广的研究层面。

广西民族大学图书馆"相思湖畔"专业阅读推广系列讲座活动，为保证活动的可行性和可操作性，以读者为关注焦点，增进读者满意度，按照ISO 9001质量管理体系开展专业阅读推广工作，对活动策划、执行、读者参与、活动管理、过程方法等内容都做了完整的记录。活动档案资料目录包括向教师发布的倡议书、邀请信、活动方案、活动执行联络表、教师书评、海报设计、通信报道、活动图片，以及最重要的读者反馈意见表和活动评估单。这些工作有助于强化活动的品质管理，提高阅读推广效益。

高校图书馆阅读推广在取得初步研究成果的基础上，还需要进一步探索实践，总结经验，形成理论，建立适合高校图书馆阅读推广活动的长效机制。

第六章 高校图书馆阅读推广的发展形态探索

第一节 高校图书馆新媒体阅读推广

新媒体涵盖了所有数字化的媒体形式，包括所有数字化的传统媒体、网络媒体、移动端媒体、数字电视、数字报纸杂志等。它是一个相对的概念，是在报刊、广播、电视等传统媒体以后发展起来的新的媒体形态。新媒体亦是一个宽泛的概念，是利用数字技术、网络技术，通过互联网、宽带局域网、无线通信网、卫星等渠道，以及电脑、手机、数字电视等终端，向用户提供信息和娱乐服务的传播形态。

新媒体具有内容丰富、资源开放、操作便捷、灵活互动等特性，它不仅改变了大众读者的阅读行为和方式，给高校图书馆工作和阅读推广服务也带来了巨大的挑战，同时也带来了前所未有的创新发展和转型升级的机遇。

一、不断提高馆员认识，搭建活动平台

根据实践经验和新媒体自身特点和优势，合理应用新媒体技术丰富阅读推广活动内容和形式，将有效提升活动宣传及整体效果。由于工作思想观念和新媒体技术应用经验不足，目前高校图书馆应用新媒体技术开展阅读推广活动的广度不够，部分高校图书馆仍然有意无意地坚持用传统模式开展活动。另外，部分高校图书馆利用新媒体转型阅读推广活动的深度也不够，仅仅通过高校图书馆官方网

站和微博、微信等平台,将活动信息简单粗犷地宣传,并没有对活动进行全程性、立体化的深入宣传报道,也没有将新媒体技术和理念深入应用到整个活动的组织实施过程中。

面对新的信息传播技术变革带来的挑战和机遇,高校图书馆应该与时俱进、解放思想。

第一,加强工作顶层设计。要树立积极应用新媒体技术和方法的工作理念,加强新媒体阅读推广服务模式的整体规划,基于不同技术和手段,自主开发管理独立的高校图书馆门户网站,然后有步骤、有计划地开展数字资源阅读推广、移动高校图书馆推广和电子阅读器借阅推广等工作,逐步将新媒体技术和理念融合整个活动,以便提升活动效益。

第二,加强内部宣传和培训工作。在新媒体时代背景下,信息传播方式、渠道和内容的急剧转变,对高校图书馆馆员来说也是一种新的工作环境。高校图书馆要组织开展面向内部员工的专门性的新媒体概念和应用宣传和培训工作,确保高校图书馆馆员首先具备新媒体应用能力,做到高校图书馆馆员内化于心、外化于行的新媒体工作状态。

第三,加强活动平台的搭建。高校图书馆应该根据自身的实际需求,开发、利用相关新媒体阅读推广平台,并加强与校内各部门之间的合作,建立一体化的活动平台体系,借鉴新浪微博、腾讯微博、搜狐新闻客户端在阅读推广新媒体平台的搭建过程中强调的"活动矩阵概念",即通过新媒体平台具有的信息无缝推送、同步等功能,使高校图书馆与各部门之间在开展阅读推广活动中形成统一的网络表达出口,使活动变一家"独唱"为大家"合唱"。

二、全面建设资源,增强读者宣传工作

馆藏数字和新媒体资源,是高校图书馆新媒体阅读推广工作的基础条件之一。高校图书馆要大力实施高校图书馆资源数字化,转变资源的利用方式,提高资源的利用率。

数字时代下,高校图书馆阅读推广的形式也将随着新媒体技术的应用变得更为丰富多彩。相对于传统的阅读推广活动形式,新媒体阅读推广活动更容易吸引

读者的关注,也更容易被读者接受,因此高校图书馆必须大力宣传、引导读者接触和接受新形式的资源和推广活动。同时,虽然网络时代新媒体阅读环境下读者的信息获取渠道多样、信息获取数量极为丰富,但网络数字资源也存在信息质量良莠不齐和信息泛滥、信息鸿沟、信息安全、知识产权等问题,读者的新媒体阅读素养亟待加强。因此,高校图书馆应该通过开展信息检索与利用教学、组织新生入馆教育、举办新媒体阅读能力提升培训会等活动,引导师生读者开展新媒体阅读,提高师生读者新媒体阅读能力和兴趣。例如,清华大学图书馆的"读有故事的人,阅会行走的书——'学在清华·真人图书馆'交流分享活动"也已被纳入清华大学文化素质教育课程,成为清华大学本科教育的有机组成部分。

三、增强经典阅读推广与新媒体阅读推广的融合

碎片化阅读和略读,不仅不利于读者汲取经典文献的知识养分,也是高校图书馆馆员对开展数字化阅读推广感到担忧和困惑的原因。如何既借助新媒体优势提高阅读推广的吸引力,又能有效防止大学生阅读的碎片化和肤浅化,需要高校图书馆有效地将经典阅读与新媒体联系在一起。

一方面,阅读内容的质量和建设,是提高读者阅读品位的基础。高校图书馆要开发数字化的经典文献资源,并通过新媒体和网络向读者推送,如武汉大学图书馆创建了"珞珈风范——武汉大学名师库",全面收录了各个时期的武大名师相关资料,读者随意点开一位名师,即可出现该名师的个人传记、笔耕档案、影像故事、社会记忆等板块内容,在板块内又配有丰富的档案文献资料或链接,链接不仅提供馆藏信息还提供了"读秀"全文在线阅读功能。

另一方面,合理的阅读推广策略和内容,是引导读者进行经典阅读的保障。高校图书馆应该整合各种媒体技术,开展多元化、立体式的阅读推广活动促进读者进行经典阅读,如中国台湾地区出版人郝明义策划的"经典3.0"阅读推广活动,除了文字,还采用讲座、图像、影像等多种方式使阅读立体、生动。同时,略读和精读两者之间并非不能共存,二者有着各自的特性和优势。高校图书馆应该通过微书评、在线游戏等略读活动吸引读者阅读兴趣,再通过合理的方法引导读者进行精读。武汉大学图书馆开发经典名著在线游戏,引导读者对经典名著的深思

和研究，有效促进读者的经典阅读兴趣和能力；天津财经大学图书馆通过话剧比赛活动引导读者进行精读，有力促进了高校图书馆相关名著文献的利用率等；北京大学图书馆利用其官方微博、官方微信推出的"一书一图一介绍"网上微展览，每天在线推出一段短文配上图片，符合读者的阅读习惯，也能有效促进相关经典文献的借阅率。

四、增强传统阅读推广与新媒体阅读推广的融合

随着阅读推广活动的不断深入和新媒体技术的不断发展，面对以大学生为主要对象的高校图书馆阅读推广活动，将更多地应用或依赖互联网和新媒体技术。然而传统模式下的阅读推广活动也有体验性强、短期影响大、监控方便等自身优势，所以未来传统阅读推广和新媒体阅读推广将各自发挥优势，两者将相辅相成、共同发展。同时，高校图书馆阅读推广有时是一系列不同主题的活动，有时又是同一主题一系列不同内容形式的活动，在这种情况下，新媒体阅读推广活动形式和传统阅读推广活动形式也将更容易互相借力，发挥各自特点。

另外，根据高校图书馆阅读推广发展趋势，高校图书馆总体策划牵头的角色定位可能将进一步转变和明确，活动将越来越多地发挥读者的主观能动性，特别是大学生读者参与活动的积极性和创造性，而大学生则更愿意利用互动性强、个性化强的新媒体开展活动。吉林大学图书馆充分调动了大学生开展活动的积极性和主动性，创建"白桦书声"校园朗读分享平台，让大学生从被动的参加者转变为主动的策划者和组织者，利用新媒体开展阅读推广活动。

第二节 高校图书馆有声读物阅读推广

有声读物就是有声音的书，是指其中包含不低于51%的文字内容，复制和包装成盒式磁带、高密度光盘或单纯数字文件等形式进行销售的任何录音产品。1934年，世界上第一部有声读物在美国诞生，此后，不少教科书出版商均以唱片形式出版语言教材，如 20 世纪五六十年代畅销全球的灵格风英语唱片。尤其在第三次科技革命后，初步形成一个新兴产业。"数字技术、互联网技术、移动通信技术的迅速发展为有声读物的蓬勃发展注入了强劲的动力，国民阅读已开始迈入有声阅读时代。"[①]

高校图书馆有声读物阅读推广举措如下。

一、分类建设，夯实阅读推广资源

移动互联网技术及智能应用不断升级改造，高校图书馆线下业务正面临着大面积萎缩的局面，传统纸质文献借阅量已经呈现下降趋势。有声读物的出现不仅保障了视觉障碍患者、文盲、低幼儿童等阅读群体权利，同时也满足了高校读者数字时代碎片化阅读需求，特别是符合大学生读者的阅读习惯和兴趣爱好。高校图书馆面对真切的有声阅读需求，在传统业务不景气的背景下，应该抓住机遇，努力建设有声资源，为阅读推广转型奠定基础。目前，高校图书馆建设有声读物资源主要有三种渠道。

（一）直接购买资源

高校图书馆通过购买途径获得的有声读物，只需要借助压缩、下载、播放技术即可使用，方便简单易操作，但在采购之前，高校图书馆必须开展充分的调研工作，广泛征求读者的资源采购意见，选择与有正规渠道和有实力的资源出版发行机构进行合作，还需要对所购置的资源进行全面的甄选，确保资源的安全、健康和可靠。目前市场上有影响力的有声读物资源供应商有 EBSCO 有声读物资源服务系统，该系统与全球数字内容交付领头羊 Findaway 合作，提供了读者从移动设备直接访问资源的功能。该系统凭借简化的工作流和有趣直观的设计，方便读者快速简易地搜索资源，并配合其 App，使在线聆听变得更加容易和方便。

[①] 梁荣贤. 基于有声阅读的高校图书馆阅读推广新路径研究[J]. 高校图书馆研究，2020，50（01）：64-68.

（二）自建资源

2013年，由教育部语言文字信息管理司制定的《中国语言资源有声数据库建设工作规范（试行）》明确了由国家语言文字工作委员会主管，按照国家统一规划、地方组织实施、专家业务负责、社会参与建设的工作目标，为中国语言资源有声数据库建设提供了制度化保障。具备条件的高校图书馆可以依据中国语言资源有声数据库建设思路，依托区域内联盟组织，联合其他高校图书馆、公共高校图书馆和相关文化传媒和出版发行机构，首先做好有声资源中长期建设规划和资源调研选题工作，并通过设立录播室或有声资源制作中心，购置文字转化音频软件，以教学和公益性活动为目的，在版权许可前提下，聘请专业演播人员对原作品进行有声录播。条件欠缺的高校图书馆亦可充分发挥高校图书馆馆员和校内师生读者的积极性，在进行必要的专业培训基础上，利用喜马拉雅FM等手机软件的录播功能，立足校内教学科研需求和地方文献服务特色，有步骤地实现实体馆藏和有声数字资源的协调发展。

（三）搜集整理网络资源

为了节约资源建设成本和难度，高校图书馆在直接采购和自主建设同时，还应加强线上免费有声读物资源的整合与揭示。高校图书馆应该组织专人对互联网上海量的免费有声资源进行整理和揭示，建成特色数字资源库或资源链接。同时，还可以与图书管理系统供应商合作升级图书管理系统，改造升级联机公共目录查询系统（online public access catalogue, OPAC），使检索结果不仅可以显示文献资源的物理馆藏，还可以显示相关资源的电子资源或有声资源链接，以满足读者多元化的信息需求。此外，高校图书馆还可以单独设计一个多媒体点播系统，搜集免费资源并加以著录。例如，北京联合大学图书馆自行建设的有声读物点播系统，点播系统由硬件和软件组成，硬件部分主要包括一台稳定的服务器和一台有足够空间的磁盘阵列或网络存储，软件部分主要由WEB发布服务器、流媒体点播服务器、数据库软件、点播CMS网站管理系统、海量免费资源五部分组成。

高校图书馆在有声读物资源建设过程中，有必要提供一个专门的资源存储空间和设施，将有声资源集中保管和利用，并对不同介质形式的有声资源进行科学分类,可参照《国际标准书目(非书资料)》和《国际标准书目(电子资源)》等相关细则著录,重点突出有声读物的内容、播客信息以及与其相对应的纸质资源链接和相关内容链接,形成一个详尽的有声高校图书馆数据资源库。同时,还需要提供一个统一的检索入口,简化有声资源网站检索词中专业术语的应用,方便不同知识背景下的读者无障碍利用。

二、读者细分,有效增强用户黏合度

随着"互联网+"进程的加速,用户的个性化需求日渐突显,线上用户族群正不断裂变,应用市场个性化定位更加精准,移动互联网开始进入精细化运营阶段。移动互联网技术在满足多元化个性体验的同时,已将大批潜在线下用户粘合成最忠实的线上应用拥簇者。有声读物的兴起和发展,不仅突破了传统阅读对视觉的依赖,而且使学习阅读能力不足和有阅读能力却无时间的群体都能随时随地"听读"。因此,高校图书馆应顺势而上,针对不同的师生读者专业背景和知识需求,分门别类制作符合不同类型读者阅读需求的内容,细分有声读物的受众群体。

一般来说,高校图书馆举办听书活动的主要对象有两种:第一种为学生,第二种为教师(包括所有职工),其中教师群体中可以再将科研工作者单独列出。高校图书馆应该根据不同类型的读者,有针对性地推送有声资源。例如,加强与学生组织和教学院系之间的合作,在充分调研大学生学习特点和阅读习惯的基础上,根据年轻人的阅读喜好进行有声读物推送。年长的教师读者,由于繁忙的工作和生活,对有声读物这类新生事物接触较少,接受能力也较弱,但是对本专业知识学习和评书、故事连载、人物传记、亲子阅读类文献有着浓厚的兴趣,高校图书馆可以通过简化听书的流程方式,推送相关有声读物。同时,高校图书馆应该主动调整服务策略,在满足线下用户阅读需求的同时,拓展线上潜在用户族群,建立线上有声资源库分值评价机制,将有声资源优劣评价权交予读者,增强线上用户的体验度和黏合度,吸纳更多具有"听读"需求的潜在受众读者参与阅读推广活动。

三、加强合作，加快实现跨界推广

云计算、大数据、"互联网+"的到来，以信息技术为核心的新一轮技术革命正在形成。随着线上用户的不断积聚和增长，对潜在用户的挖掘已经成为各方竞争的热点。相对于高校图书馆，商业性有声读物平台"重利益，轻公益"的经营理念使其能够更加灵活地调整线上合作策略而成功跨界融合。2014年，酷听听书瞄准听书行业发展融合趋势，通过获得有声视听文化委员会管理资质认证，成立有声行业首个战略联合集团——听书联盟，先后与澄文中文网、中信出版集团等数十家内容资源方达成全线战略合作，全面实现了内容、资源及渠道方面的行业聚合。

与线上应用市场火热相反，线下的高校图书馆传统业务正面临着大面积萎缩的局面，在服务转型的驱使下，高校图书馆应积极主动地谋求变革与发展，以适应数字化技术带来的挑战。高校图书馆可以在平衡公益性与商业性冲突的基础上，积极尝试开展校内外跨界合作，在有声资源建设和服务推广上除继续争取学校和政府的财政支持外，还应不断挖掘潜在读者个性化特色，线上加强同听书平台、广播电台合作，并通过按需引进优质有声资源，优化馆藏结构，满足不同群体的阅读需求。例如，吉林大学图书馆不仅与校内读者及相关部门合作，还积极与百度、喜马拉雅FM等平台合作，创建"白桦书声"校园朗读分享平台，充分利用校内外资源开展了富有成效的"听说"活动，深受读者欢迎。再如，武昌理工学院图书馆联合盛大天方，推出"读100本好书——博学实训"专栏，读者通过登录图书馆网站试用资源"天方听书"即可收听、下载有声读物。

第三节 高校图书馆个体阅读推广活动

一、高校图书馆阅读推广主体个体化表现形式

（一）阅读分享——发挥主体作用

"阅读分享"是20世纪60年代由新西兰教育学家赫达维（Holdaway）等人在对儿童的阅读研究中首次提出。随着社会的变迁，特别是计算机网络技术的发展，如今任何人对任何感兴趣的阅读话题所进行的关注和转载都属于阅读分享范畴。单一个体通过阅读分享推广阅读主要有以下三种形式。

1. 读者推荐

读者个人根据自身的阅读体验和经历，出于对阅读的促进和分享的目的，向其他读者推荐书目的行为，即让读者进行阅读推荐。作为高校教师，特别是著名专家学者，有责任也有能力为大学生读者推荐书目，中国高校的名师历来也愿意为大学生读者推荐书目。例如，胡适为清华学子开列的《一个最低限度的国学书目》，顾颉刚为大学生开列的《有志研究中国史的青年可备闲览书》，钱穆为西南联大学生开列的《文史书目举要》，张岂之和徐葆耕主编的《清华大学学生应读书目（人文部分）》。过去书目编列常以学者为主，如今普通的读者也常加入其中，如在高校图书馆内经常专门为读者推荐书目而设置功能区域和留言板、留言簿等，让读者将自己认为值得推荐的书及理由写在上面。针对不同的阅读推广客体和目标，活动的方式方法应该灵活多变，除了使用留言的方式，还可以通过书评、视频、绘画、手工作品等方式进行推荐，如苏州工业园区独墅湖学校图书馆让读者将自己认为值得推荐的书及理由写卡片上，然后挂在图书馆预设的推荐圣诞树上面。

2. 读书分享会

读书分享会在读者阅读交流过程中具有很强的互动性和渗透性，是推广精读和经典阅读的有效途径，具体模式又分为三种：一是读书会。这是一种最常见的

方式，读者通过积极参加高校图书馆牵头组织开展的读书会及其活动，并在组织和活动中发挥着引领阅读的作用。二是读书节。例如，华中农业大学图书馆开展的"青椒"分享读书之乐，让青年教师向学生读者推荐书籍，同时也让大学生读者领略青年教师的风采，开阔阅读的视野。三是撰写文章。馆员和读者以阅读为主题通过高校图书馆阅读推广活动平台撰写文章、报道宣传、翻译编写专著、网络文章等，特别是发表在QQ、微博、微信等新媒体中的内容，具有大众化、网络化、碎片化等特点，可以随时随地地与他人分享阅读、促进阅读。

3. 捐书赠书

捐书赠书，即读者将阅读后认为有价值的文献捐献给高校图书馆以便让其他读者有机会阅读的行为，或通过图书漂流的形式将图书资源无偿与别人分享的行为。例如，高校教师在结束某项教学科研工作后，为充分发挥资源的使用价值，将利用过的资源无偿捐给高校图书馆。高校毕业季期间，即将毕业的学生读者将自己的使用过的读物无偿捐献给本校图书馆。校内外有关人士出于对高校图书馆事业的支持，购置图书资源无偿捐献给高校图书馆。由于活动具有操作简单、成效快、影响大等特点，是目前个体参与高校图书馆阅读推广常见的形式之一。

（二）日常工作——发挥主体作用

如果说高校图书馆是校园内阅读推广工作的主要阵地，那么馆长就是先锋官，馆员就是排头兵，需要他们在日常的工作和生活中肩负起更多的阅读推广使命，将阅读推广内化于心、外化于行。

1. 馆员负责制阅读推广

馆员负责制是个体馆员在日常工作和生活中，自觉将阅读推广服务作为本职工作内容之一的机制。馆员在日常高校图书馆管理与服务中具有重要作用和意义。馆员负责制下的每位馆员都是一台阅读推广播种器，他们提供的阅读推广服务长期且有效。

2. 馆长负责制阅读推广

馆长负责制，是高校图书馆负责人将阅读推广纳入高校图书馆发展战略，通过自己的示范带头作用，长期创新开展具有深远意义的特色阅读推广服务，为师生读者阅读创造条件和优良环境，引领校园阅读蔚然成风。

(三)读书会——发挥主体作用

读书会的历史由来已久,瑞典的"读书圈"是第一个现代意义上的读书会。读书会是一种相对自由的、非正规的阅读学习组织,甚至是现代人的休闲娱乐方式,具有渗透力强、简单易操作、形式多样等特点。按实际管理者身份划分,可将高校图书馆读书会分为高校图书馆主办的读书会、师生主办的读书会两大主要类型,后者大多依托高校图书馆,但具有独立的社团组织性质,在开展阅读推广活动中主要以师生管理者或负责人为组织核心,通过高校图书馆读书节等平台发挥阅读推广主体作用。

(四)活动志愿者——发挥主体作用

志愿者也称"义工"或"志工",是指在不为任何物质性报酬的情况下,为改进社会而提供服务,共享个人时间及精神的人。从广义上看,高校图书馆捐赠者、高校图书馆托管人、高校图书馆之友等为高校图书馆无偿做出贡献的人或组织皆可视为"高校图书馆志愿者";从狭义上看,只有服从高校图书馆管理,定期从事高校图书馆工作的志愿者才可以被称为"高校图书馆志愿者"。高校图书馆阅读推广过程中,高素质的师生志愿者的加入不仅可以缓解高校图书馆资源、人力和经费压力,还可以给活动带来无限创意,提升活动的社会认知度和参与度。志愿者参与阅读推广,按角色可以分为引导者、协助者、宣传者、沟通者、支持者等,还可以在活动中作为组织者,拥有活动内容和方式自主权。

随着高校图书馆的社会责任和核心价值发挥得愈加充分,越来越多的高校图书馆开始注重建立和完善志愿者的引入工作机制。我国高校图书馆志愿者服务相对于高校图书馆起步较晚,但目前志愿者活动已经渗透至高校图书馆的各项服务和活动中,特别是在活动化的阅读推广工作中志愿者的身影越来越多,志愿者已经被视为常规的"生产力"要素和"智愿者"。例如,湘潭大学图书馆志愿者组成人员以在校大学生为主,志愿者不仅参与图书馆举办的"高校图书馆服务周""世界图书日""新书推荐"等阅读推广活动,还为主持课题的教师开展信息推送服务,进行深层次的文献资源检索、读者咨询、引导等工作。广西科技大学图书馆建立志愿者服务工作常态化机制,并争取学校资助中心等部门的支持,提高志愿者服务团队素质，完善招聘选拔、培训管理、评价激励等工作机制，不断提升志愿者的工作能力和服务质量。志愿者不仅是高校图书馆日常管理过程中的好帮手，更是高校图书馆阅读推广中的重要合作伙伴，高校图书馆与志愿者团队合作，周期性开展了读书交流会、找书比赛、送教、送书下乡、高校图书馆进社区、进宿舍、进食堂等活动，深受读者和社会大众的好评。

二、高校图书馆如何构建个体阅读推广保障体制

（一）转变工作理念，提高个体主体地位认识

高校图书馆不仅是学校的文献信息中心，也是区域内社会知识文化中心。高校图书馆不仅要为学校教学、科研提供保障，也要为社会大众的知识阅读需求提供服务。高校图书馆的读者不仅包括校内师生读者，也包括广泛的社会大众读者。高校图书馆阅读推广服务面向的是校内外读者，开展的活动范围不仅在校内也可以迈出校门走进社会。高校图书馆阅读推广的主体，不仅仅指高校图书馆馆员，还应该包括学校领导、其他部门、师生读者和校外相关组织和个人。阅读推广工作领导组织成员，要积极吸纳有特长、有意愿、有能力的读者代表。在活动策划过程中，要积极调研读者的阅读需求，从读者的角度出发考虑活动的内容和形式；在活动组织实施过程中，要善于利用教师联盟、读者协会、青年志愿者、企业行业协会和社会名流等社团组织和个人资源，保障活动深入有效地开展，以便有效实现活动的宗旨和目标。

（二）建立健全制度，规范引导个体阅读推广

健全的规章制度，可以有效规范和引导个体阅读推广发展。高校图书馆要通过加强活动规划，明确个体在阅读推广中的权利与义务，促进个体融合高校图书馆阅读推广体系。

第一，高校图书馆要积极宣传阅读推广的重要性和意义，争取联合学校其他相关部门和组织，从学校层面上制订阅读推广事业规划，突出师生读者在阅读推广和校园文化建设中的主体地位和意义。

第二，制定高校图书馆阅读推广工作规划和方案过程中，要突出师生读者在阅读推广工作中的主体地位。

第三，完善阅读推广规章制度，并参照全国书香城市（县级）标准指标体系，积极培养"阅读推广人"，参与高校图书馆阅读推广工作。

第四，完善相关工作规章制度。例如，完善读者协会管理制度，通过政策、资金和资源等途径支持协会组织开展阅读推广活动，通过培训教育提升协会成员阅读推广的能力和意识。依据《志愿服务条例》，完善志愿者管理规章制度，引导、促进志愿者参与高校图书馆阅读推广活动。联合学校其他部门，完善教师和学生管理制度，鼓励师生成为高校图书馆阅读推广主体。依据《中华人民共和国公益事业捐赠法》《社会团体登记管理条例》《中华人民共和国商标法》等法律，为个体开展阅读推广提供便利。

第五，依据《普通高等学校图书馆规程》，完善高校图书馆社会化服务管理机制，有效促进社会读者利用高校图书馆资源，在此基础上积极引导、吸纳社会资源开展阅读推广活动。

（三）搭建平台，凝聚力量

高校图书馆应该利用计算机网络通信技术和新媒体技术，在现有的阅读推广管理平台下，打造一个统一权威的、相对独立的个体阅读推广网络管理平台或打造一个独立的学校个体阅读推广网络管理平台，以便整合资源，凝聚力量。平台建设模式可以学校为主导，高校图书馆为主管，高校图书馆阅读推广工作组织为主办的形式运作。平台的板块，至少应该包括以下六项内容。

一是推广项目板块。根据个体通过高校图书馆开展阅读推广模式和形式，分门别类地设置二级板块，汇总全国范围内的个体阅读推广人、组织和项目，集中宣传介绍个体阅读推广项目，提高项目的认知度，提升个人阅读推广能力水平和综合素质。

二是资源共享板块。整理共享图书在版编目数据、图书共享资源、开放获取资源库、已有优秀推荐书目、阅读推广经典案例、阅读推广人培训资料、阅读法律法规等资源，为个体开展阅读推广提供文献资源支持。整理数字化高校图书馆历年来阅读推广素材和个体阅读推广活动资料，并上传至平台以便实现资源共享。

三是信息公告板块。主要用于发布通知、公告(包括志愿者招募、会议、培训、比赛、评选等信息)和新闻报道,便于个体在阅读过程中的交流与互动。

四是友情合作单位板块。用于介绍中国图书馆学会、各省级高校图书情报工作委员会、各类型高校图书馆、各出版发行机构、数字和有声阅读网站、校内其他部门、志愿者组织、学生社团等相关组织信息,并提供超链接,为个体阅读推广对外交流寻求机会,寻求支援,提供渠道。

五是实时互动板块。用于介绍、链接高校图书馆阅读推广相关论坛、贴吧、微博、微信公众号、QQ 群等新媒体工作平台,便于个体阅读推广开展日常交流与互动,包括提出疑难并解答、法律援助等活动。

六是实践与理论研究板块。目的是集中研究总结与评估个体阅读推广活动,探讨活动未来发展方向。工作包括编制与发布《高校图书馆阅读推广年度报告》,介绍个体阅读推广活动;开展年度最佳校园个体阅读推广人物、读书会、学生社团、书香班级、志愿者等评比活动;积极创办刊发《阅读推广报》,开设专栏研究报道个体在阅读推广中的理论与实践。

全民阅读推广,力量源泉在于民众,最佳路径在于全民参与。个体在高校图书馆阅读推广过程中的地位突出,特点显著,优势明显,但需要高校图书馆的积极引导和扶持,才能成功构建长效的活动运行机制。从目前阅读推广发展趋势来看,主体多元化需要高校图书馆认识个体在阅读推广中的主体作用,并支持其充分发挥作用;主体合作化要求高校图书馆发挥组织协调功能,整合各类阅读推广资源,推进各类主体间的深度合作;主体角色层次化要求高校图书馆阅读推广组织者与实施者分离,各主体之间应该分工明确,各尽其能。

第四节　高校图书馆阅读推广口碑营销策略

作为校园文化信息中心的高校图书馆,已经不再是读者获取信息的唯一渠道,甚至已经不是信息获取的主要渠道。面对数字信息技术的挑战和读者阅读率下降的现象,高校图书馆一面加强数字资源建设和使用,一面提供活动化阅读推广服务，旨在促进资源利用率和高校图书馆使用率。

一、高校图书馆口碑营销概述

在当代高校图书馆学研究中，高校图书馆营销是高校图书馆整体工作的一部分，它不仅是宣传推广活动，还包括探寻满足用户需求的支点、构建与用户群体的稳定关系、持续性的用户交互等要素，是高校图书馆实现服务、资源贴合需求的内外部良性循环及社会效益最大化的重要业务过程。

高校图书馆在实践活动中积极尝试了各种营销方法和策略，如历届 IFLA 国际营销奖中获奖的高校图书阅读推广项目。其中，口碑营销以其独特的优点和功能，已经成为高校图书馆阅读推广工作中运用营销策略树立品牌活动的重要手段。口碑源于传播学，由于被市场营销广泛地应用，所以有了口碑营销。传统的口碑营销是指企业通过朋友、亲戚的相互交流将自己的产品信息或者品牌传播开来。

口碑营销又称"病毒式营销"，其核心内容就是能"感染"目标受众的病毒体——事件，病毒体威力的强弱则直接影响营销传播的效果。在信息爆炸和媒体泛滥的环境中，大众对广告甚至新闻，已经具有极强的免疫力，只有创造新颖的口碑传播内容才能吸引大众的关注与议论。口碑营销的流行，来源于网络，其产生背景是博客、论坛这类互动型网络应用的普及，并逐渐成为各大网站流量最大的频道，甚至超过了新闻频道的流量。

口碑营销的特点是以小博大，在操作时要善于利用各种外部因素，如自然规律、政策法规、突发事件，甚至是竞争对手。同时，它具有宣传费用低、可信任度高、针对性强、提升企业形象、发掘潜在消费者成功率高、影响消费者决策、缔结品牌忠诚度、更具亲和力等特点。

高校图书馆阅读推广口碑营销的基本目标是让读者之间交流高校图书馆阅读推广活动，以便提升活动的认可度和参与度。具体地说，就是让"值得信赖的读者"感受阅读推广服务，而不必考虑是否参加活动或甄选活动的内容。

二、高校图书馆阅读推广中口碑营销的应用

根据口碑营销的主要原则和总体实施方法，高校图书馆在应用口碑营销促进阅读推广过程中，具体流程主要应包括以下五个步骤。

（一）制定长期规划

高校图书馆利用口碑营销促进阅读推广之前，首先应该制订一个长期规划，因为大部分阅读推广活动效益具有隐性，口碑营销效益同样也需要一定时间的沉淀、发酵。规划要建立活动长效机制，要明确相关活动的使命、愿景和战略方向，要明确活动受众范围。其中，战略方向是"讲述高校图书馆阅读推广活动的故事"，是口碑营销努力的根本基础，是口碑营销努力的指南。

（二）寻找意见领袖

口碑营销注重顾客体验。所谓顾客体验，即顾客跟企业产品、人员和流程互动的总和。意见领袖是读者圈内的权威，他们的观点能被其他读者广为接受和支持。意见领袖应该是一个组织，成员包括师生读者代表、学校组织机构代表和高校图书馆内部馆员。特别值得注意的是，成员中的高校图书馆馆员不仅能为其他成员介绍高校图书馆资源和服务，而且是口碑营销的意见领袖的重要组成部分，不可忽视，更不可或缺。

（三）确定推广活动

没有哪一种阅读推广活动适合所有读者，虽然高校图书馆拥有丰富的资源，可以开展形式多样的阅读推广活动，但是面对数量众多的读者及日益复杂的信息需求，高校图书馆要充分发挥"意见领袖"的作用，深入了解读者的实际阅读服务需求，针对不同读者，组织实施各具特色、切实可行的阅读推广活动。同时要认识到口碑营销只是众多营销方法中的一种，它只是阅读推广活动的一种手段，仅仅依靠口碑营销来创立广受欢迎的活动品牌是不科学的，也是不合理的。正所谓，口碑是目标，营销是手段，产品是基石。只有组织实施符合读者实际需求的

活动，才能在读者群体内树立正面口碑，否则会适得其反，形成反面口碑。

（四）建立和谐的客户关系

阅读推广活动内容和形式确定后，高校图书馆需要将活动意义和目标传递给核心读者，并维护好核心读者的关系，让核心读者支持高校图书馆的活动，并作为传播者在其他读者群体中广为宣传的活动。高校图书馆阅读推广活动中的核心读者主要包括教师和学生，高校图书馆要通过采取以下措施，使教师与其他教师、学生与其他学生交流讨论活动。

一是通过研讨会、讲习班或演讲等活动，以图片、PPT和视频等形象生动的途径，将阅读推广活动信息传递给核心读者，让他们了解高校图书馆是他们学习、生活和工作的重要伙伴，阅读推广活动是他们提升学习、生活和工作质量的重要手段。

二是利用体验式销售理念，让核心读者切身感受阅读推广活动的过程和实际意义。以他们希望的时间、希望的地点、希望的方式为原则，开展他们实际需求的服务活动。

三是注意收集核心读者对活动的反馈意见，完善活动纠错机制，使活动更趋于科学合理化。在收集核心读者对活动的意见过程中，要特别注意收集那些容易被忽视的"微不足道"的错误，因为这些小的不足，正是口碑营销的致命缺陷。

（五）其他相关工作

谈论者是口碑营销的起点，用户之间的互动交流是关键。为了更方便有效地利用口碑效应，新时期下高校图书馆应该注重运用诱发口碑的宣传工具，如搭建网络平台，利用微博、微信、论坛等新媒体建立口碑营销渠道，方便读者之间的交流和互动。同时，高校图书馆要为阅读推广工作设计形象生动的、独特的活动标识和朗朗上口的活动标语等。

形象代言是众多营销活动中必不可少的重要组成部分，高校图书馆需要结合阅读推广活动内容和特征，选择形象好、符合活动要求的校内外领导和师生代表为活动代言，并根据活动的变化及时更换活动代言人。

适当的奖励是读者往往无法拒绝的。给读者一定的物质和精神奖励，让他们帮助完成一次正面的口碑传播，将大大加快高校图书馆阅读推广活动的口碑营销进程。例如，鼓励读者将阅读推广活动新闻和网站推荐给其他读者、与其他读者分享活动体验、传播活动作用和意义等。

三、高校图书馆阅读推广口碑营销的注意事项

（一）开展诚实营销

口碑营销不是靠创意取胜，也不是靠炒作一鸣惊人。口碑营销的力量在于它的诚实，它是关于真实和透明的意见（包括好的和坏的）。用户坚持信任他们的朋友、家人的意见，是因为他们纯粹的、无偏见的意见。高校图书馆在开展口碑营销阅读推广中，一定要坚持开展读者需要和读者有兴趣的活动，能真实有效地促进读者阅读和提升读者素养。同时，要注意建立长效机制，不断适应时代的变化，要维系品牌阅读推广活动的生命力，不能故步自封，忽视对活动质量和效益的评价。

（二）开展内部营销

大多情况下，很多组织片面地理解口碑营销只是对外部进行的营销，组织内部的口碑营销经常容易被忽视。实际上，内部的口碑营销不仅有利于馆员对高校图书馆活动目标的支持和理解，而且有利于统一高校图书馆内部工作意见并在工作中形成合力。同时，在实际营销过程中发现，如果组织内部作为负面口碑信息源的话，其反面效果要比组织外部一般用户的传播效果大得多。所以高校图书馆在进行口碑营销阅读推广时，首先要树立馆员的营销理念，让馆员理解和支持口碑营销。馆员真心实意地开展阅读推广活动，往往比一般的口碑传播者的赞美更具有说服力。

（三）开展网络营销

口碑是一把双刃剑，既可以为企业带来正面口碑效应，也会由于负面口碑的传播带来负面影响。

高校图书馆在进行口碑营销阅读推广时，不仅要注重网络营销平台和渠道的搭建，更要注重收集网络口碑传播的负面消息，并及时予以有效处理，及时疏解读者对高校图书馆及其阅读推广活动的疑惑和不满。

（四）开展持续营销

没有哪一种营销手段和方法能解决阅读推广中的所有问题，高校图书馆阅读推广服务属于无形的文化产品，不仅活动效益无形，而且活动的检测和评估的难度大。高校图书馆要长期坚持开展阅读推广活动，同时要坚持开展口碑营销工作，要使普通的读者不断升级为口碑传播大使，不断扩大口碑传播的深度和广度。沟通、交流、互动是口碑营销的必要手段，高校图书馆要不断深入开展有价值、有针对性的阅读推广活动，而非仅仅依靠口碑营销，避免邀请许多名人却丝毫没有"名人效应"的现象发生。

（五）开展整合营销

口碑营销虽然具备可行度高、针对性强等特点和优势，但它只是众多宣传推广中的一个环节，把口碑营销从营销中剥离，仅仅依靠口碑营销来创立活动品牌是不科学的，也是没有效率的。在核心读者努力进行口碑宣传的同时，高校图书馆应该同步开展系统的营销和公关工作，使各种宣传推广营销策略互为补充，这才是营销策略的精髓所在。

阅读推广是一项长期而艰巨的工程，无论采用何种营销手段和方法，都是为了提升阅读推广活动效益，不断满足读者的阅读和信息需求。高校图书馆首先要有走出"象牙塔"的态度和信心，树立营销推广理念，不仅要实现"书有其读者、读者有其书"的高校图书馆价值目标，而且要在有限的资源条件下，更好、更有效地完成目标。通过借鉴国内外高校图书馆运用营销知识开展阅读推广实践的成功经验，国内高校图书馆需要敢于超越传统束缚和现有成绩的桎梏，通过不断丰富活动营销手段，应用口碑营销等技术和方法，使各种营销策略互为补充、相辅相成，最终提升阅读推广工作效益，创立活动品牌，并保持活动正面口碑效应的持续发展。

参考文献

[1] 艾家凤. 高校图书馆人力资源管理研究 [M]. 北京：中国科学技术大学出版社，2015.

[2] 陈俏颖. 高校大学生有声阅读行为研究 [J]. 数字与缩微影像，2022（01）：32-36.

[3] 代宏. 高校图书馆人力资源管理创新研究 [J]. 中国卫生产业，2020，17（01）：125-126.

[4] 丁明刚. 高校图书馆学术期刊管理概论 [M]. 合肥：合肥工业大学出版社，2011.

[5] 丁云芝. 新形势下高校图书馆人力资源管理的现状及对策 [J]. 广西质量监督导报，2020（06）：63-64.

[6] 杜伟锦，张洁，宋艳辉. 国内学术期刊管理机制研究 [J]. 杭州电子科技大学学报（社会科学版），2018，14（05）：35-39.

[7] 高凯. 高校图书馆管理工作与校园文化建设研究 [J]. 时代报告（奔流），2022（07）：110-112.

[8] 高丽娟. 高校图书馆阅读推广服务与创新性思考 [J]. 兰台内外，2022（22）：76-78.

[9] 高源. 高校图书馆阅读推广活动工作标准化初探 [J]. 中国标准化，2022（14）：168-170.

[10] 关锐. 高校图书馆人力资源管理理论探析 [J]. 江苏科技信息，2018，35（07）：16-19.

[11] 胡继武. 现代阅读学 [M]. 广州：中山大学出版社，1991.

[12] 胡浪. 高校图书馆人力资源管理研究述评 [J]. 长沙大学学报，2018，32

（02）：90-94.

[13] 金立凤. 浅谈高校图书馆新媒体阅读推广策略[J]. 内蒙古科技与经济，2022（08）：138-139.

[14] 康健明，黄征. "双一流"高校图书馆经典诵读阅读推广调查与研究[J]. 办公室业务，2022（13）：72-75.

[15] 孔瑞林. 高校图书馆阅读推广研究[M]. 济南：山东教育出版社，2019.

[16] 李建明. 高校图书馆阅读推广与服务机制构建[M]. 北京：航空工业出版社，2019.

[17] 李明. 高校图书馆阅读推广研究[M]. 北京：朝华出版社，2019.

[18] 梁荣贤. 基于有声阅读的图书馆阅读推广新路径研究[J]. 图书馆研究，2020，50（01）：64-68.

[19] 马丽，冀鹏斌. 激励机制在高校图书馆人力资源管理中的应用[J]. 办公室业务，2020（06）：166-167.

[20] 彭桃英，熊水斌，骆超. 高校学术期刊管理机制与运营机制改革探讨[J]. 中国科技期刊研究，2011，22（02）：190-193.

[21] 任小霞. 高校图书馆阅读推广策略研究[J]. 内蒙古科技与经济，2022（12）：155-156.

[22] 宋斌琴. 高校图书馆管理创新策略探究[J]. 文化产业，2022（17）：111-113.

[23] 王聪. PISA 2018测评新变化及其对香港语文阅读教学的启示[J]. 现代基础教育研究，2018，30（02）：88-96.

[24] 吴明杰，李金庆. 学术期刊划分及在期刊管理中的应用[J]. 江苏科技信息，2018，35（10）：38-40.

[25] 谢晖. 融媒体下高校图书馆阅读推广路径探究[J]. 中国报业，2022（12）：116-117.

[26] 杨红，许娜. 高校图书馆阅读推广模式研究[J]. 采写编，2022（08）：178-180.

[27] 杨楠. 基于几个管理定律的高校图书馆管理之刍议[J]. 图书情报工作，

2010, 54（S2）：393-396+323.

[28] 杨启秀. 高校图书馆管理与服务创新研究 [M]. 北京：国家行政学院出版社，2018.

[29] 叶仙娥. 高校图书馆阅读推广的实践探索：以武汉工程大学高校图书馆为例 [J]. 新阅读，2022（07）：57-59.

[30] 易静，于伟，任婕. 高校图书馆阅读推广探究 [J]. 快乐阅读，2022（05）：115-117.

[31] 张东靖. 新时代高校图书馆阅读推广理论与方法研究 [M]. 合肥：安徽文艺出版社，2019.

[32] 赵永芬. 完善高校图书馆人力资源管理研究 [J]. 图书情报导刊，2018，3（08）：12-16.

[33] 郑宇. PIRLS研究概述及其对国内小学语文教材编制的启示 [J]. 课程·教材·教法，2013（02）：109-114.

[34] 朱明. 浅谈学术期刊管理与评价问题 [J]. 全国新书目，2006（06）：74-75.

[35] 朱文玲. 高校图书馆管理理念：人文与科技的融合 [J]. 科技风，2022（15）：157-159.

[36] 左宜鑫，樊晔. 新媒体背景下高校图书馆阅读推广研究 [J]. 宁夏教育，2022（06）：11-14.